LICHTSCHLAG 45

LICHTSCHLAG 45

Umschlag: Lichtschlag Medien Düsseldorf
Printed in Germany.

ISBN: 978-3-939562-73-3

# MEHR ALS HELDEN: MENSCHEN

## 35 Portraits überraschender Liberaler

Henrique Schneider

# Inhaltsverze

# Vorwort

„Was ist liberal?“ Der zeitgenössische Liberalismus scheint eine Obsession mit dieser Frage zu haben. Immer neue Kriterien werden erarbeitet, um eine Person oder eine Idee als liberal zu bezeichnen. Nicht selten geht es (auch) darum, auszugrenzen.

Verschiedene Benennungen werden erfunden, um eine Orthodoxie von der anderen zu unterscheiden: liberal, libertär, paläoliberal, klassisch-liberal, neoliberal und so weiter. Das Paradoxe ist: Je mehr Bezeichnungen, desto unklarer, was der Liberalismus eigentlich ist. Kein Wunder. Denn wenn die Frage „Was ist liberal?“ als Glaubensfrage gestellt wird, droht sie zu spalten, zu splittern und zu schwächen.

Doch wer ein Buch über liberale Persönlichkeiten schreibt, muss sich die Frage stellen: „Wer ist liberal?“

In „Liberale und andere“ (1994) portraitierte Ralf Dahrendorf viele deutsche Sozialdemokraten. Denn praktisch nur SPD-Politiker waren bereit, sich gegen den Ständestaat, den Militarismus und den Protektionismus Deutschlands vor dem Zweiten Weltkrieg zu stellen. Als ich dieses Buch zum ersten Mal las, konnte ich der Intention Dahrendorfs nur wenig Verständnis entgegenbringen.

Pierre Bessard (Liberales Institut, Schweiz), Daniel Klein (George Mason University, USA) und ich entwarfen einst die Idee, eine Übersicht über die Schweizer Liberalismen zu schaffen. Dabei ermahnten mich beide, möglichst die verschiedenen Facetten des Liberalismus zu beleuchten und nicht einer wie auch immer eingebildeten oder konstruierten Orthodoxie zu verfallen. Dann wurde es mir klar: Sie – und Dahrendorf – haben recht. Diese Erkenntnis wurde zum Grundprinzip dieser Portraitserie.

Der Liberalismus ist ein breiter und offener Begriff. Er muss nicht notwendigerweise als eine auf England oder Frankreich zurückgehende philosophische Tradition gedacht werden. Er kann auch eine Geisteshaltung sein. Wie sich diese Geisteshaltung in die Praxis umsetzt, ist dann auch abhängig von ihrem Kontext. Zeit, Umstände, geographischer Raum und praktische Abwägungen sind Elemente dieses Kontextes.

Im Japan zwischen den Weltkriegen ging es um Pazifismus. Er war dort die einzige anti-etatistische Kraft. In Europa geht es (immer noch) um die Abwehr gegenüber verschiedenen Formen staatlicher Bevormundung. Schwarze US-Amerikanerinnen und -Amerikaner mussten für Gleichstellung kämpfen, aber auch gegen eine Sonderbehandlung, die vom Staat forciert wurde (und wird). Frauen setzten sich ein für das Recht, als eigenständige Individuen anerkannt zu werden.

Damit wird exemplarisch gezeigt: Was liberal ist, hängt vom jeweiligen Kontext ab. Vor allem aber hängt es vom Individuum ab, das die Geisteshaltung trägt und aufgrund ihrer handelt. Darin gründet also das Auswahlkriterium, das ich in dieser Sammlung anwende:

Wer sich für individuelle Freiheit und gegen Kollektivismen aller Arten einsetzt, ist eine Liberale – oder ein Liberaler. Der Einsatz für individuelle Freiheit ist das notwendige und die Ablehnung des Kollektivismus das hinreichende Kriterium. Mit anderen Worten, das liberale Etikett wird nicht an die europäische Geistesgeschichte geknüpft, sondern an die Ideen der Freiheit, des Individuums und der Verantwortung. Und an die Praxis ihrer Umsetzung.

Dann kam die zweite Frage: Wie soll ich diese Leute überhaupt portraitieren? Die Antwort darauf lieferte ein paralleles Projekt der Foundation for Economic Education (FEE) in den USA. Lawrence Reed startete im Jahr 2015 die Serie „Real Heroes". Er ging darin dem Leben und Wirken von Menschen nach, die man getrost als Vorbilder, ja sogar Helden, bezeichnen kann. Während bei ihm das Heroische und Nachahmenswerte im Mittelpunkt steht, habe ich mich für das Alltägliche des Liberalismus entschieden. Liberal sein heißt nicht nur sinnieren, sondern auch handeln – im Alltag.

Der FEE bin ich ohnehin sehr verpflichtet: Portraits von Gladstone, Stewart-Murray, Owens und Kellems sind auch in dem von der FEE herausgegebenen Buch „Real Heroes: Inspiring True Stories of Courage, Character, and Conviction" von Larry Reed (2016) enthalten – aber auf andere Weise dargestellt. Einige Materialien für die Texte über Cleveland, Wilder Lane und Cowperthwaite kommen auch aus dem FEE-Fundus. Dafür bedanke ich mich bei Larry Reed und Richard Lorenc.

Und dann kommt die schwierigste Frage: Wen nehme ich? Oder noch zugespitzter: Wenn diese Liberalen unbekannt sind, warum sollten sie ausgerechnet mir bekannt sein? Ich bin nämlich kein Historiker. Und die Gattung der Biographie gehört definitiv nicht zu meinen Vorlieben. Aber: Je mehr ich recherchierte, desto mehr merkte ich, dass gerade das das Interessante an diesem Projekt war. Ich konnte unabhängig von Vorgaben dem nachgehen, was ich als speziell empfand. Und so ging ich unsystematisch vor. Las hier und da etwas. Und was mir gefiel, nahm ich auf.

Damit ist es gesagt: Wer auch immer hier aufgenommen wurde, ist zufällig da. Es ist weder Ziel noch Anspruch, die „Liberalsten" oder die „Unbekanntesten" oder die „Herausragenden" zu portraitieren. Es sind einfach die, von denen ich der Meinung bin, dass sie a) liberal dachten, b) ein interessantes Leben hatten und c) in ihrem Leben liberale Prinzipien verwirklicht haben.

Ich suchte zwar nach einem sehr differenzierten und globalen Bild, nahm mir aber keine Quoten vor. Es ist also Zufall, dass soviele Frauen hier portraitiert sind. Es ist aber nicht Zufall, dass beispielsweise nur wenig Islamisches und Indisches den Weg in dieses Büchlein gefunden hat. Der Grund dieses Mankos hat mit mir zu tun. Ich kann weder Türkisch noch Arabisch noch Sanskrit lesen…

Auch wenn dieses Buch keine wissenschaftliche Abhandlung über Liberale, die man nicht kennt, ist, bemühte ich mich, nach wissenschaftlichen Kriterien vorzugehen. Ich befasste mich meist mit Texten, die die hier Portraitierten geschrieben haben. In einigen Fällen befragte ich Leute, die diese Persönlichkeiten kannten oder erlebten. Am Schluss jedes Portraits wird auf Literatur verwiesen. Es ist dabei kein kompletter Materialienapparat, sondern weiterführende Literatur für jene Leserinnen und Leser, die ihre Kenntnisse vertiefen möchten.

André F. Lichtschlag und Henning Lindhoff sind die eigentlichen Urheber der Idee dieses Buches. Ihnen gilt mein Dank. Und damit ist genug der Vorrede.

*Literatur*
*Dahrendorf, Ralf. Liberale und andere: Portraits. Stuttgart (1994).*
*Reed, Lawrence. Real Heroes: Inspiring True Stories of Courage, Character, and Conviction. Wilmington (2016).*

# Sir John James Cowperthwaite

## Soldat an der liberalen Front: Ein Staatsdiener für die Freiheit

„Wenn Leute eine inklusive Regierungsform wollen, dann müssen sie Komplexität und Langsamkeit in der Entscheidungsfindung als Preis dafür akzeptieren. Wenn sie eine schnelle und agile Regierung wollen, dann müssen sie Autoritarismus in Kauf nehmen." Sir John James Cowperthwaite, Finanzsekretär von Hongkong von 1961 bis 1971, wollte ersteres. Und zwar aus Respekt vor den Menschen.

„Lassen Sie mich diese Budgetpräsentation mit einer philosophischen Vorrede beginnen. Kritiker bemängeln das diesjährige Budget – wie alle Budgets unter meiner Verantwortung. Sie sagen, Sozialausgaben und wirtschaftliche Entwicklungsprogramme fehlen darin. Was mich an dieser Kritik stört, ist ihre Vorstellung der Bevölkerung Hongkongs als kleine Kinder, deren Fleiß man belohnen und deren Kooperation man erkaufen muss. Ich weise diese paternalistische und letztlich kolonialistische Denkhaltung scharf zurück. Die Leute von Hongkong sind intelligent genug, das zu tun, was sie wollen und was ihnen dient. Ihre Freiheit ist ihr Handlungsgrund, nicht die Almosen des Staates."

Cowperthwaite (1915-2006) war ein klassischer Liberaler. Seit seinem 22. Lebensjahr im Staatsdienst und ab dem Jahr 1945 in Hongkong hielt es für seine Aufgabe, den Staat zu beschränken, aber in seinen Kernbereichen stark zu machen. Doch das Soziale, die Wirtschaft und die Kultur etwa hielt er nicht für Teile des Kernbereichs der Staatsaktivität. Demzufolge plädierte er hier für positive Nicht-Intervention.

**Das Wunder von Hongkong**

Die Zukunft des Kronlandes in Asien war am Ausgang des Zweiten Weltkriegs alles andere als klar. Die USA wollten die Ansammlung von Felsen, Schmugglern und Fischern den chinesischen Alliierten überlassen. Mit dem Zusammenbruch des Handels hatte Hongkong ohnehin nur wenige Perspektiven. Ebenfalls mangelte es an Infrastruktur.

Was aber einsetzte, war eine Serie glücklicher Zufälle. Nicht ganz ungeplant konnte die britische Marine Hongkong vor der chinesischen erreichen. Während die Kolonialverwaltung langsam darin war, sich selbst wieder aufzubauen, taten sich britische und lokal-chinesische Individuen zusammen. Sie bauten privatwirtschaftlich Infrastruktur auf. Sie kreierten auch ein eigenes Sozial-, Bildungs- und Kulturnetz und basierten es auf den lokalchinesischen Hospital- und Tempelbruderschaften sowie auf den britischen Klubs.

Dass der Wiederaufbau Hongkongs praktisch insgesamt privat und trotz der politischen Wirrungen erfolgte, beeindruckte Cowperthwaite tief. Und er kam dadurch zur Einsicht: „Tiefe Steuern, keine oder nur wenige Regulierungen des Arbeitsmarktes, keine Staatsverschuldung und freier Handel sind die Säulen des Erfolgs Hongkongs." An dieser Devise hielt er fest. Sein Leben lang.

**Die Zerstörung Chinas**

Als dann auch noch die kulturelle Revolution in China ausbrach und die Sozialdemokraten Oberhand in Großbritannien bekamen, kam Cowperthwaite zu einer zweiten Einsicht: Politik hat ein enormes Schadenspotential. Demzufolge sah er es als seine Aufgabe, die Masse dessen, was politisiert werden kann, gering zu halten. Das bedeutete konkret, die Staatsaufgaben auf die Durchsetzung von Recht und Sicherheit zu beschränken. Alles andere, ob makroökonomische Statistiken über Aggregate oder aktive Diplomatie, hielt er bewusst zurück.

Doch die kulturelle Revolution wirkte sich auch in Hongkong aus: In der Verwaltung setzte Cowperthwaite durch, die Grenze für chinesische Flüchtlinge zu öffnen. Um der Vervielfachung der lokalen Bevölkerung Herr zu werden, setzte er auf eins: private Initiative. Und so brachte er auch die Aufhebung fast sämtlicher Raumplanungsvorschriften durch. Damit konnte der private Wohnungsbau florieren, und die typisch verdichtete Bauweise entstand. Dank dieser Liberalisierung ist heute Hongkong lediglich zu 40 Prozent bebaut. Der Rest ist Natur.

Natürlich musste der Finanzsekretär hier und da Konzessionen machen. Er akzeptierte ein Minimum an sozialem Wohnungsbau. Und er ließ auch mit sozialen Auffangprogrammen abfedern. Er sah sogar ein, dass ein minimales Netz staatlicher Schulen zielführend sein kann – aber nur, wenn sie im Wettbewerb mit den Privaten stehen. Trotz aller Alltagspolitik blieb das Credo Cowperthwaites gleich: „Wer Geld vom Staat erhält, soll möglichst wenig erhalten und erst noch nur kurzfristig."

**Der Aufbau der Freiheit**

Cowperthwaite wollte nicht als pro Wirtschaft gelten. Er kannte die Geschichte Hongkongs und fürchtete die Macht großer Kartelle. „Es ist nicht Sache einer Regierung, die eine Unternehmung oder die eine Branche zu bevorzugen. Es ist Sache der Regierung, den Wirtschaftsakteuren möglichst viel Freiheit zu sichern." Deshalb glaubte er auch nicht an Konjunkturprogramme. „Es ist mir völlig rätselhaft, wie aus Staatsausgaben langfristiges und privates Wirtschaftswachstum entstehen soll. Ich glaube nur an die ökonomische Vernunft derer, die die Risiken selber tragen."

Und damit erteilte er auch definitive Absagen an Industriepolitik, Rettung von Banken in Not, Innovationsförderung und dergleichen. Das sind alles nichtstaatliche Aufgaben. Als Cowperthwaite einmal im lokalen Parlament mit der Frage konfrontierte wurde, ob er eine Rezession gut finde, antwortete er: „Ein viel intelligenterer Mann (Joseph Schumpeter) als ich sagte einst, und ich bin mit ihm einverstanden: Eine Rezession ist für den

Kapitalismus wie eine kalte Dusche an einem heißen Sommertag.“

Sir John Cowperthwaite war ein Liberaler, der nicht Bücher herausgab oder auf internationalen Konferenzen von den Vorzügen der Freiheit sprach. Er verstand sich als Staatsdiener. Aber der Staat, dem er seine Treue schwor, war einer, der individuelle Freiheit verteidigte. Und Cowperthwaite stand als Soldat an der Front dieser Verteidigung.

*Literatur*

*Stacey, Bill. Sir John Cowperthwaite: A Portrait in his own words. Hong Kong (2016).*

# James Madison und George Mason

## Die USA waren nie liberal: Gründerväter im Clinch

Hartnäckig hält sich das Bild: Aufgeklärte Herren kommen zusammen. Von steuerlicher und politischer Unterdrükkung angewidert, erklären sie sich für unabhängig. Selbstbestimmtes Leben und Freiheit dienen ihnen als Richtschnur. Alles schön – aber doch zu romantisch. Seit ihrem Entstehen sind die USA dem großen Staatsapparat und der interventionistischen Staatspolitik verpflichtet. Eine Entdeckungsreise mit zwei Gründervätern verdeutlicht dies.

Zwei liberale Kolosse in der Geschichte der USA – so groß, dass sie nur wenige kennen: James Madison (lebte von 1751 bis 1836) war Unterzeichner der Unabhängigkeitserklärung. Er gilt gemeinhin als Vater der Staatsverfassung und war Berater von George Washington, Außenminister unter Thomas Jefferson sowie selbst vierter Präsident der USA.

George Mason (lebte von 1725 bis 1792) war nichtuniformierter Unabhängigkeitskämpe, „Erfinder" der individuellen Freiheitsrechte, Nicht-Unterzeichner der US-Verfassung und Nicht-US Präsident. Und obschon Mason dem Liberalismus viel treuer blieb, als Madison es je war: Geirrt haben sie sich beide.

## Im Verfassungsclinch

Beide Herren hatten gleiche Ziele und gleiche Sorgen. Nach der Unabhängigkeit erkannten sie schnell: Die Erklärung war nicht das Papier wert, auf dem sie stand. Einzelne Unionsstaaten wollten keinen Freihandel; andere enteigneten im großen Stile; noch andere waren Beute in den Händen mafiöser Strukturen. Deshalb drängten beide Farmer aus Virginia auf einen gemeinsamen Föderalstaat mit einer gemeinsamen Verfassung.

Beide wussten aber: Staaten sind immer eine Form der Unterdrückung. Warum lange für Freiheit kämpfen, um sich dann wieder unterjochen zu lassen? Ihre Antwort darauf, warum es einen Staat braucht, ist symptomatisch für viele Liberale: Den demokratischen Rechtsstaat braucht es, um die Freiheiten zu garantieren.

Das Problem: Wie kann ein Staat Freiheiten garantieren, ohne selbst machtgierig zu werden? Masons Antwort: Mit einem Katalog von Grundrechten. Doch Madison setzte sich mit dem Gegenkonzept durch. Er wollte keinen Grundrechtskatalog, sondern die Gewaltenteilung. Mason weigerte sich daraufhin, eine Verfassung ohne Grundrechtezusicherung zu unterschreiben und warb fortan gegen ihre Annahme. Auch hier setzte sich Madison durch.

## Madisons Inkonsistenz

Madison zeigte schon früh seinen Hang zu Inkonsistenz. Immer wieder ließ er seine liberalen Überzeugungen zu Gunsten des starken Staates, oder eben der Realpolitik, fallen. Kaum war die Verfassung entworfen, hielt er sie für einen schwachen Kompromiss. Trotzdem warb er für sie und scheute sich nicht, mit Leuten zusammenzuspannen, die den neu gegründeten Staat als Mittel für ihre persönliche Bereicherung sahen.

Schon wenige Monate nach Inkraftsetzung der Verfassung bemerkte Madison seinen Fehler. Einige Gliedstaaten wollten nichts von individuellen Rechten wissen. So machte er sich daran, den Grundrechtskatalog (die heutigen Amendements) zu formulieren. Er ließ sich dabei von Mason inspirieren, machte aber den Fehler, Freiheitsrechte nicht eindeutig als Abwehrrechte der Individuen gegenüber dem Staat zu formulieren. Damit wurden indirekt Staatsaufgaben kreiert.

Die Inkonsistenzen Madisons setzten sich fort. Im Prinzip war er gegen staatliche Schuldenwirtschaft; als Außenminister und Präsident entdeckte er seine Liebe für rote Zahlen. Im Prinzip war er gegen eine staatliche Zentralbank; er gründete selbst eine Vorläuferinstitution. Im Prinzip war er gegen ein stehendes Heer; die Armee wurde von ihm aufgestockt. Im Prinzip befürwortete Madison den Freihandel; Schutzzölle, Subventionen und Planwirtschaft verfügte er mit seiner Unterschrift.

**Masons Widersprüche**

Aber auch Mason war nicht frei von Problemen. Es ehrt ihn: Er weigerte sich, irgendeiner Korporation anzugehören. So kämpfte er für die Unabhängigkeit, weigerte sich aber, Uniformen zu tragen. Er war Mitglied der verfassungsgebenden Versammlung, wollte aber das – wie nur er es erkannte – freiheitsfeindliche Dokument nicht unterzeichnen. Er wollte sogar der Sklaverei ein Ende setzen, doch er weigerte sich, einer abolitionistischen Bewegung beizutreten.

Wegen seiner Prinzipientreue war Mason auch stur. Ihm wurde die Präsidentschaft der USA angeboten. Ihm war es auch bewusst: Seine Kandidatur würde vor allem die Bande um George Washington, die den Staat als Vehikel persönlicher Bereicherung ansah, stoppen. Doch er wollte mit den USA nichts zu tun haben. Washington wurde Präsident, John Adams folgte. Die USA wurden zum Selbstbedienungsladen der Interventionisten. Selbst der Realpolitiker Madison beschrieb diese Zeit als „Herrschaft der Hexen".

Auch in seiner Konzeption von Grundrechten war Mason widersprüchlich. Statt sie als reine Abwehrrechte zu gestalten, ließ er es offen, ob der Staat nicht doch aktiv werden müsste, um Grundrechte zu garantieren. Was bedeutet es beispielsweise, wenn alle ein Recht auf Gleichheit haben? Muss der Staat von sich aus diese Gleichheit herstellen? Mason dachte, es sei Sache der Demokratie, darüber zu befinden. Er sah aber nicht, dass die Demokratie sich auch gegen das Individuum entscheiden kann.

### Im Clinch mit sich selbst

Madison und Mason waren zwei der „liberalsten" Gründerväter der USA. Aber auch sie waren in vielem weit vom Liberalismus entfernt. Der Clinch, in dem sie lebten, war dauerhaft. Die Zugeständnisse musste Madison machen, um sich gegen partikularistische und interventionistische Interessen zu wehren. Er musste den Liberalismus extrem zurechtbiegen, damit die USA noch ein bisschen liberal blieben. Mason wollte nicht so weit gehen und überließ das Feld den anderen – „punks and crooks“ nannte er sie.

Doch der Clinch war vor allem einer mit sich selbst. Beide Herren hatten Prinzipien. Und ihnen war es bewusst, dass sie im Dauerkonflikt mit ihren eigenen Überzeugungen lebten. Aber das andere gefiel ihnen auch. Mason war gerne der Rebell. Er profitierte zeitlebens davon, weil ihm eine Wählerschaft und Kundschaft deswegen treu ergeben war. Madison war gerne Realpolitiker, weil er gerne im Zentrum der Macht stand. Die USA ohne seine aktive Rolle waren für ihn nicht vorstellbar.

Und diese USA der Herrn Madison und Mason waren nie ganz liberal. Manche mögen nun einwenden: Liberaler als die europäischen Nationen waren die Staaten allemal. Nun, das stimmt. Es ist aber auch nicht so schwer.

*Literatur*

*Cheney, Lynne. James Madison: A life reconsidered. New York (2014).*

*Hamilton, Alexander, et al. The federalist papers. Oxford (2008).*

*Madison, James. The Writings of James Madison. New York (1906).*

*Mason, George. The papers of George Mason: 1725-1792. Raleigh (1970).*

# Juan de Mariana

## Könige darf man töten … Ein Jesuit des 16. Jahrhunderts gegen Monopole und Inflation

Könige darf man töten... Päpste im übrigen auch. Nein; das ist kein Mordaufruf. Es sind die Schlussfolgerungen von Juan de Mariana. Dieser spanische Jesuit nahm kein Blatt vor den Mund. Er prangerte staatlichen Machtmissbrauch und Diskriminierung an. Deshalb lebte er immer auf der Flucht; aber nie in Furcht.

Im 16. Jahrhundert war die Stellung der Monarchie in Europa alles andere als klar. Noch hatte sich der Absolutismus nicht überall durchgesetzt. Noch war die Doktrin der Herrschaft des Königs durch Gottes Gnade nicht die einzige oder gar die wichtigste Begründung der Monarchien. Juan de Mariana (1536-1624) hing einer anderen Idee an: Könige und Päpste regierten im indirekten Auftrag des Volkes. Ihre Aufgabe war, das Volk zu schützen und den Menschen Entfaltungsmöglichkeiten zu geben.

An sich war diese Idee weder radikal noch neu. Im ganzen Mittelalter war sie noch die wichtigste politicotheologische Begründung der Monarchie. Was radikal an Mariana war: Er dachte sie vom Anfang bis zum Ende durch. Gemäß ihm verlassen die Menschen ihren Naturzustand, um ihre individuellen Rechte, vor allem Eigentumsrechte, in Gesellschaft zu sichern. Dafür geben sich die Menschen einen Staat und setzen den König ein. Kann er seine Aufgabe nicht erfüllen, gehört er abgesetzt.

**Königlicher Machtmissbrauch**

Radikal wird das Ganze, wenn man sich fragt, was nach Mariana Machtmissbrauch ist. Auf seiner Liste stehen folgende „Vergehen“: Ansetzen von Steuern ohne das Einverständnis der regierten Menschen; Steuererhöhungen; Verwässerung des Geldes – ja: Inflation; Untersagung von Handel und Gewerbe; Monopolisierung von Handel und Gewerbe; Untersagung parlamentarischer Aktivitäten; Unterdrückung von Gruppierungen und Menschen, die ihre Anliegen politisch machen.

Und wenn die Liste an sich nicht schon beeindrukkend gewesen wäre, nach Mariana war sie auch als Automatismus konzipiert. Jeder König, der nur eines dieser „Vergehen“ beging, wurde automatisch zum Tyrannen. Und jeder Mensch hatte dann automatisch das Recht auf den Tyrannenmord. Oft hätte jedes Individuum sogar eine Pflicht dazu.

Mariana war freilich nicht der einzige, der den Tyrannenmord befürwortete. Speziell bei ihm ist aber das individuelle Recht dazu. Bei den anderen Scholastikern war der Mord am machtmissbrauchenden König das Ergebnis einer kollektiven Entscheidung. Für Mariana nicht. Auch war Marianas „Vergehens-Liste“ besonders an ökonomischen und demokratischen Gegebenheiten angelehnt. Die anderen Scholastiker sahen eher geistig-geistliche Tatbestände vor. Das Alleinstellungsmerkmal des Jesuiten Mariana: Päpste waren vom ganzen nicht ausgeschlossen.

**Königliche Charakterstärke**

Juan de Mariana war kein Polemiker. Viele seiner Schriften wollten gerade den Königen handfeste Hilfen anbieten. Seine Schrift über das Geld zeigt, wie man Inflation vermeidet. In seinen Büchern über den Handel rät er Monarchen dazu, möglichst viel Gewerbefreiheit und freien Handel zuzulassen und alle (!) staatlichen Monopole abzubauen.

Und selbst das dreibändige Werk, in dem er den Königsmord rechtfertigt, hat eine konstruktive Absicht. „De Rege et Regis institutione“ (1599) ist als Ratgeber für die Erziehung der königlichen Prinzen gedacht. Sein Ziel war es, den künftigen König zu einem Vater und Vorbild seines Volkes zu erziehen. Sogar sein längstes, 20-bändiges, Werk „Historia de rebus Hispaniae“ (Geschichte Spaniens, 1592) versteht sich als empirische Suche nach charakterstarken und vorbildlichen Monarchen.

Mariana war schließlich auch ein in Paris lehrender Theologe. Gestützt auf Thomas von Aquin wusste er, dass die Handlungen einzelner Menschen Grenzen haben. Diese werden durch die Natur, aber auch durch die Moral begründet. Und beides ist Teil des göttlichen Systems. Wenn Mariana also die Stellung des (wirtschaftenden) Individuums gegen den König verteidigt, ist er keinesfalls der Meinung, das Individuum sei das absolute Maß der Dinge.

**Königliche Verachtung**

Es darf nicht überraschen: Mariana hatte ein schwieriges Leben. Er war von verschiedenen Krankheiten gezeichnet. Doch erfreute er sich eines großen Publikums, sowohl in der Universität als auch im Orden als auch unter den gebildeten Menschen seiner Zeit. Und genau dies machte ihn zur Zielscheibe.

Nicht nur das spanische Königshaus, sondern auch die Kurie der katholischen Kirche verlangte seine Zurechtweisung. Oder sogar seinen Ausschluss aus den Jesuiten. Doch der Orden schützte seinen Spross. Hier und da musste man Federn lassen: Einige Passagen von Marianas Werken wurden zensiert; einige Bücher durften nicht erscheinen; zwischendurch distanzierten sich die Generäle des Ordens von Marianas Gedanken. Aber sie ließen nicht zu, dass er der Inquisition ausgeliefert wurde.

Ganz am Schluss seines – für seine Zeit langen – Lebens widmete er sich noch der Exegese des Alten Testaments. Er wollte den hebräischen Monotheismus als eine freiwillige Hinwendung zur Freiheit darstellen. Die Hebräer verließen den Naturzustand, um in Gesellschaft mit Gott ihre Eigentumsrechte zu sichern. Man mag sich wundern, zu welchen radikalen Folgerungen Mariana in dieser Exegese gekommen wäre, wenn er nicht vor ihrer Beendigung gestorben wäre.

*Literatur*
*Mariana, Juan de. De rege et regis institutione. Mainz (1948).*
*Lewy, Guenter. Constitutionalism and Statecraft during the golden age of Spain: a study of the political philosophy of Juan de Mariana. SJ. Paris (1960).*

# Hu Shi

## Liberal durch Literatur: Bildung als Ziel für alle Menschen

Hu Shi war ein Pragmatiker – im philosophischen Sinne. Dieser Schüler von John Dewey wollte China in eine liberale Moderne führen. Er dachte, die Vereinfachung der Sprache sei dafür das beste Mittel. Doch die Ironie der Geschichte schlug zu: Es waren ausgerechnet die Kommunisten, die die Sprache vereinfachten, während Hu Shi sich mit einer anderen Diktatur anlegte.

Gegen Ende des 19. Jahrhunderts sah die Sache in China nicht so gut aus. Schwächelnde Kaiser, die im Clinch mit der Bevölkerung und dem Ausland standen, eine grosse Masse ungebildeter und verarmter Menschen sowie die allgemeine Überzeugung, das Land stehe kulturell am Ende, prägten diese Zeit. Das Ausrufen einer Republik im Jahre 1912 machte alles noch schlimmer. Denn damit verlor der Staat vollends die Kontrolle über sich selbst.

In dieser Periode von Unsicherheit und Umsturz wurden die Intellektuellen politisch. Unter den Kaisern bestand ihre Rolle darin, ein – wohl pervertiertes und konstruiertes – konfuzianisches Ideal nachzuahmen. Mit der

*Hu Shi (1891-1962)*

Republik merkten einige Gelehrte, sie können eine gestaltende Rolle spielen. Zu ihnen gehörte Hu Shi (1891-1962).

**Amerika und sein Frühling**

Nach einer konfuzianischen Grundausbildung wechselte Hu Shi in eine moderne Schule. Diese ermöglichte ihm ein Studium an der Cornell University in den Vereinigten Staaten. Dort sollte er durch seinen Doktorvater John Dewey sowohl zum Liberalismus als auch zur Philosophie des Pragmatismus finden. Diese stellt das praktische Handeln über die theoretische Vernunft und bemisst die Wahrheit einer Theorie an ihrem praktischen Erfolg.

Zurück in China wollte Hu Shi althergebrachte Dichotomien aufheben. Es sollte nicht mehr alt gegen neu oder chinesisch gegen ausländisch sein. Sein Ziel war eine Kulturreform, die das Beste aus allen Welten nimmt und verbindet. Pragmatisch eben. Das leuchtete ein, und so wurde er zum Ideengeber vieler sozialer Bewegungen. Die Ironie der Geschichte will, dass ausgerechnet die Bewegung des 4. Mai sich auf Hu Shi berief.

Dieser zunächst anti-imperialistische und zunehmend nationalistische Volksaufstand wollte die Verträge von Versailles revidieren. Gemäss ihnen verlor China Land an europäische Staaten. Freilich war der Pazifist Hu Shi gegen Versailles – doch er war auch gegen kollektivistische Nationalismen. Aber es kam noch ironischer: In dieser Bewegung fand die kommunistische Partei Chinas, der lebenslange Feind Hu Shis, ihren Ursprung.

**Neue Kultur und sein Sommer**

Hu Shi war aber auch eine zentrale Figur in der Neuen-Kultur-Bewegung. Diese wollte sowohl die chinesische Sprache modernisieren als auch die Gesellschaft ändern. Ihre Anhänger traten ein für die Gleichberechtigung der Geschlechter, für die repräsentative Demokratie, für gleiche Rechte für alle Steuerzahler und gegen Kollektivismus. Einige von ihnen waren sogar für freie Binnen- und Außenmärkte.

Hu Shi sah aber ein anderes Problem: Wie soll man den Kollektivismus durchbrechen und die Masse zur die Demokratie fähig machen? Seine Antwort: durch Bildung – damals etwas, das nur den Gelehrten offenstand. Aber für Bildung braucht es die Vereinfachung der „gebildeten Sprache". Das war nicht zu unterschätzen. Denn die Sprache der damals dominierenden konfuzianischen Gelehrten war so weit weg vom Volk wie das Kirchenlatein vom Sächsischen zur Zeit der Reformation.

Leider war die Sprache der Gelehrten und Beamten auch inhaltsleer, weil sie sich alleine an formalen Vorbildern orientierte. Als Abhilfe entwickelte Hu Shi folgende Gebote: „Schreibe die Sprache der Straße: Verständlichkeit geht vor Konvention"; „Respektiere die Grammatik: Korrektheit geht vor Ästhetik"; „Schreibe mit Inhalt: Inhalt ist wichtiger als Form"; „Sei nicht melancholisch: Wir trauern nicht alten Idealen nach, sondern gestalten Zukunft." Für die Verhältnisse seiner Zeit waren diese Gebote eine noch nie gesehene Liberalisierung des Denkens und Handelns.

**Revolutionen und sein Herbst**

Es sah nicht schlecht aus für Hu Shi. In der Republik wurde er zum chinesischen Botschafter in den USA und dann zum Rektor der altehrwürdigen Universität Peking. In beiden Positionen blieb er sich treu. Die Interessen der Republik vertrat er, indem er die Amerikaner animierte, Ein- und Ausführzölle zu senken. Die Universität modernisierte er und erlaubte sogar privat finanzierte Lehrstühle (im Jahr 1946!).

Und dann kam die Revolution im Jahr 1949. Die Kommunisten mochte Hu Shi nicht, denn sie lehnten die Demokratie ab und waren Kollektivisten. Mit Chiang Kaishek zog er dann nach Taipei. Doch auch vom General entfremdete sich der Philosoph. Denn in Taiwan blieb die Demokratie lange aus. Und der Kollektivismus der Macht machte sich breit.

Hu Shi spielte weiterhin eine öffentliche Rolle. Er war Präsident der wichtigsten Forschungsinstitution Taiwans, der Academia Sinica. Von dort aus kritisierte er eine zunehmend nationalistische und kollektivistische Regierung auf der Insel. Und kritisierte auch die Kommunisten auf dem Festland. Es ist deshalb ironisch: Mao holte in den 1950ern und 1970ern aus, Reformen an der Sprache im Stile Hu Shis vorzunehmen.

Außerhalb Chinas ist Hu Shi weitgehend unbekannt. Im Festland wird er bis heute nicht gelesen; in Taiwan werden seine Kritiken totgeschwiegen. Aber seine Leistung ist nicht zu unterschätzen. Er machte die Bildung zum erstrebenswerten Ziel für alle Menschen; ohne seine Ideen hätten die Kommunisten wohl nicht die Sprache vereinfacht;

ohne seine beißenden Artikel wäre die Demokratisierung Taiwans noch viel langsamer vorangetrieben worden. Hu Shi war ein pragmatischer Literat liberaler Prägung.

*Literatur*

*Hu, Shi. The Chinese Renaissance: The Haskell lectures. Chicago (1933).*

*Grieder, Jerome B. Hu Shih and the Chinese renaissance: Liberalism in the Chinese revolution, 1917–1937. Cambridge (1970).*

# Vivien Kellems

## Frau gegen Staat: Erfolgreiche Geschäftsfrau, erfolglose Politikerin

Man warf ihr vor: „Wer die USA liebt, kann nicht gegen Steuern sein." Sie antwortete keck: „Wer das amerikanische Volk liebt, kann nicht für Steuern sein." Vivien Kellems' Kampf war gegen die Steuer. Und gegen andere Ungleichbehandlungen.

„Unsere Freiheiten existieren, weil Leute bewusst die Gesetze gebrochen haben, wenn ihr Gewissen es so verlangte." Vivien Kellems (1896-1975) war eine erfolgreiche Geschäftsfrau und eine erfolglose Politikerin. Doch das machte ihr nichts. Sie wollte nämlich kämpfen. Auf verschiedenen Kampffeldern. Möglichst gleichzeitig.

Nach ihrem Studium der Ökonomie tat sie sich mit ihrem Bruder zusammen und gründete eine Firma. 1.000 Dollar eigenes Geld und 1.000 Dollar Schulden waren der Boden für ein Unternehmen, das schon bald mehrere hundert Angestellte haben sollte. Ihr Produkt: Kabelständer. Ihre Innovation: Hergestellt aus Abfällen anderer Produktionslinien.

*Vivien Kellems (1896-1975)*

## Frau gegen Feministinnen

Kellems war eine Kämpferin für die Freiheit des Individuums. Das war zunächst die Gleichberechtigung der Frauen. Nach ihr sollten alle Menschen die gleichen Rechte haben. In den 1920ern und 30ern war sie auch nicht alleine. Denn die US-amerikanische Frauenbewegung war stark. Präsident Roosevelt erließ dann auch ein Gleichberechtigungsgesetz, das von der feministischen Bewegung bejubelt wurde.

Kellems jubelte nicht. Denn das Gesetz war ein sozialstaatliches Regelwerk. Es sah Zahlungen an Frauen vor, die Pflicht für Unternehmen, Frauen anzustellen, und baute eine separate Frauensozialhilfe auf. Das war Kellems gleichzeitig zu viel und zu wenig. Es war zu viel des Sozialstaates, den sie insgesamt ablehnte. Und es waren zu wenig der politischen Rechte. „Wenn wir in Fabriken hokken und Munition bauen können, dann können wir auch am Verhandlungstisch des Friedens sitzen."

## Frau gegen Steuer

Doch nicht nur mit den Feministinnen ihrer Zeit legte sie sich an. Ihr lebenslanger Kampf war gegen die amerikanische Steuerbehörde, den Internal Revenue Service IRS. Um Steuerhinterziehung während des Zweiten Weltkriegs zu vermeiden, wurde in den USA die Quellensteuer eingeführt. Arbeitgeber sollten die Steuer direkt vom Lohn der Arbeitnehmenden abziehen, zurückbehalten und sie dem IRS abliefern. Kellems weigerte sich, das zu tun.

Das hatte zwei Gründe: Erstens sah sie es nicht als Aufgabe eines Unternehmens, Hilfssteuervogt zu werden.

Zweitens glaubte sie an das Individuum. Jeder sollte selber Steuer bezahlen oder hinterziehen können. Was Joe macht, ist nicht Marias Sache. Doch der IRS kannte keine Gnade. Ein Teil ihres privaten Vermögens wurde statt der Quellensteuer beschlagnahmt. Auch Kellems kannte keine Gnade und verklagte Bundesstaat und IRS sowie die einzelnen Steuersekretäre persönlich. Das wollte aber Weile haben.

**Frau gegen Roosevelt**

Während des Zweiten Weltkriegs trauten sich viele Amerikaner nicht, den Staat und den Präsidenten zu kritisieren. Anders Kellems. Für sie war Roosevelt ein Versager: Er führte den Sozialstaat ein und entmündigte die Bürgerinnen und Bürger. Er ließ die Steuern bis zu einem Grenzsatz von 90 Prozent ansteigen und enteignete Volk und Unternehmen. Er überhäufte die Sowjetunion mit Freundlichkeit, Geld sowie Gütern und riskierte somit die Sicherheit der Vereinigten Staaten. Ihre Worte: „Merkt euch: Bald wird die Sowjetunion eine tödliche Gefahr für uns und für die freie Welt darstellen."

Das Regime kannte nichts: Ihre private Korrespondenz wurde von der zentralen Zensurstelle – ja, Roosevelt hatte eine eingesetzt – durchgelesen. Der sich offen als sozialistisch bezeichnende Minister Henry Morgenthau und sein Untersekretär Harry Dexter White (später wurde er als sowjetischer Spion enttarnt) wollten sie gar des Landesverrats anklagen. Doch als die Korruption des Roosevelt-Regimes publik wurde und die feministische Bewegung sich – endlich – hinter Kellems stellte, ließ man die Sache fallen.

### Frau gegen Truman

Als der Krieg zu Ende war, wurde Harry Truman neuer Präsident. Auch er hielt an einer expansiven Fiskalpolitik fest. Und um diese zu bezahlen, stellte er weiterhin auf die Quellensteuer ab. Kellems ging auf die Barrikaden. Im nationalen Fernsehen sagte sie selbstbewusst: „Wenn High Tax Harry will, dass ich für ihn Steuern eintreibe, muss er mich als Steuersekretär anstellen, mich dafür bezahlen und mir einen Ausweis geben." Und: „Quellensteuer ist nur da, um das Wachstum des Staates und seiner gierigen Bürokratie zu verstecken."

Als der IRS ihr nochmals mit einer Klage drohte, schrieb sie dem Präsidenten – und der Öffentlichkeit: „Sehr geehrter Herr Präsident; bitte verklagen sie mich." Truman und der IRS trauten sich nicht, es zu tun. Übrigens: Ihre ersten Klagen gegen den IRS gewann sie 1951. Doch 1973 entschied sich das Bundesgericht gegen sie. Ihr Kampf gegen den IRS hielt sie im Buch fest: „Toil, Taxes, and Trouble".

### Frau gegen das System

Kellems hat immer wieder im Bundesstaat Connecticut kandidiert. In den Jahren 1952, 1956 und 1958 wollte sie in den Senat, zunächst für die Republikanische Partei, dann aber als Unabhängige. Sie gewann nie mehr als 2,5 Prozent der Stimmen. Doch selbstbewusst, wie sie war, bemerkte sie: „Ich kandidiere nur, um die Männer zu erziehen."

Die Frau mit Rückgrat aus Stahl lebte lange genug. Und so stellte sie gegen Ende des Lebens mit Sorge fest: „Roosevelt war schlimm. Und alle anderen Präsidenten seit ihm waren Mini-Roosevelts. Ob eine Frau als Präsidentin besser wäre, weiß ich nicht. Aber schlechter kann es gar nicht werden.“ Ob sie recht hat?

*Literatur*


*Kellems, Vivien. Toil, Taxes, and Trouble. Detroit (1952).*

*Gross, David. We won't pay! A Tax Resistance Reader. Auburn 1982.*

# Helen Suzman

## Der Rechtsstaat diskriminiert nicht: Eine Liberale gegen Apartheid und positive Diskriminierung

Helen Suzman befürwortete den Sozialstaat. Sie wollte auch freie und umfassende Bildung für alle. Der Staat musste nicht einmal so minimal sein, wie sich manch ein Liberaler vorstellt. Warum sollte man sie zu den Liberalen zählen? Wegen ihres unermüdlichen Einsatzes gegen die südafrikanische Apartheid. Und wegen ihrer ebenso starken Ablehnung der „positiven Diskriminierung“.

„Ihre Fragen bringen Südafrika in Verlegenheit“, ermahnte sie einmal der südafrikanische Justizminister im Parlament. Suzman (1917-2009) antwortete blitzschnell: „Es sind nicht meine Fragen, sondern Ihre Antworten, die uns blamieren.“ Schnell im Geist, direkt in der Sprache und kompromisslos im Handeln; so war diese südafrikanische Ökonomin, Statistikerin und Politikerin.

*Helen Suzman (1917-2009)*

Dabei fing alles so unverfänglich an. Geboren in einer wohlhabenden Kaufmannsfamilie und verheiratet mit dem Arzt Moses Suzman bereitete sie sich auf einen wissenschaftlichen Werdegang vor. Erst die Arbeit als unabhängige Expertin in der Native Laws Commission 1946 politisierte sie. Dieser Ausschuss sollte das Apartheids-Regime, das 1948 formal-rechtlich zementiert wurde, vorbereiten. Suzmans wachsende Überzeugung: Ein Rechtsstaat diskriminiert nicht.

**Anfang**

Sie zog als Protestkandidatin 1953 für die United Party ins Parlament ein. Dort operierte sie im kleinen liberalen Flügel, der sich bald abspalten und die Progressive Party gründen sollte. Hier wurde sie erstmals mit dem politischen Liberalismus konfrontiert. Denn während die Regierung für einen ethno-national-protektionistischen Kartellstaat stand, traten United und Progressive Party für Wirtschaftsfreiheit, Außenhandel und gesellschaftliche Liberalisierung ein.

Suzman wurde nie zur Verfechterin des reinen ökonomischen Liberalismus. Sie stimmte zwar mit ihrer Partei für mehr Handel und weniger Abschottung. Doch ihr Interesse galt dem Rechtsstaat. Sie verstand sich als Sprachrohr derer, die keine Stimme hatten. Dazu gehörten die Schwarzen und die Frauen. Sie bemerkt: Die weißen Frauen hatten wenige Rechte; doch die schwarzen Frauen noch viel weniger, denn sie wurden als „ewige Minderjährige“ von ihren Männern dominiert.

## Apartheid

1961 verlor die Progressive Party ihre gesamte Deputation im Parlament – außer Suzmans Sitz. Von 1961 bis 1974 war sie die einzige Abgeordnete in Südafrika, die sich gegen die Apartheid stellte. Diese Rolle übernahm sie mit Freude. Als jüdische und englischsprachige Frau ergriff sie gerne das Wort gegen die Afrikaner-Männer. Immer bissig. Immer präzise. Immer klar. Im Gegenzug wurde sie schikaniert und abgehört – was sie damit konterte, während ihrer Telefonanrufe mit einer Trillerpfeife in den Hörer zu blasen.

Doch das Alleinsein im Parlament öffnete ihre Augen für andere liberale Anliegen. Sie setzte sich gegen Sanktionen gegen Südafrika ein. Denn Sanktionen bestärkten die isolationistische Apartheids-Mentalität und machten die Weißen und Schwarzen nur ärmer. Ebenso lehnte sie den Ausbau des Sozialstaats ab, denn dieser macht Menschen vom Apartheids-Staat abhängig. Als die demokratische Opposition wuchs, war sie als Wegweiserin dabei. Suzman verblieb insgesamt 36 Jahre im Parlament.

## Affirmative Action

Doch der Kampf hörte nicht auf. Mit dem „Machtwechsel“ in den 90er Jahren befürchtete sie, dass die eine Form der Unterdrückung gegen eine andere ausgetauscht wurde. Obschon sie eine persönliche Freundin von Nelson Mandela war, kritisierte Suzman ihn und seine Partei, den ANC. Sie glaubte, dieser behandle den Staat als Selbstbedienungsladen für sich als Organisation und für seine Mitglieder.

Suzman kritisierte Mandelas Sympathie für Libyen und für die Afrikanische Union sowie Thabo Mbekis Aids-Politik und seine Haltung gegenüber der Regierung in Simbabwe. Vor allem aber kritisierte sie die positive Diskriminierung der Schwarzen, die sogenannte „affirmative action". In ihrer Überzeugung war klar: Der Rechtsstaat diskriminiert nicht; weder negativ noch positiv.

**Ausdauer**

Genauso wie ihre Anti-Apartheid-Haltung ihr Probleme mit der Afrikaner-Regierung brachte, machte sie ihre Kritik am ANC-Regime unbeliebt bei den neuen Herrschern. Sie wurde öffentlich als „Kollaborationistin" und „Teil des Problems" bezeichnet. Nur Mandela hatte sich für sie eingesetzt. Mandela gab auch öffentlich zu, Suzman habe ihn für eine evolutionäre Politik gewonnen. Das heißt, keine Revolution, sondern Weiterführung von Marktwirtschaft und parlamentarischer Demokratie.

„Die Frau hatte Ausdauer", so charakterisierte sie ein britischer Lord. Ihr unermüdlicher Einsatz für den Rechtsstaat und später auch für eine offene Wirtschaft und Gesellschaft macht Suzman zur Liberalen. Und zwar zur ganz großen.

*Literatur*

*Suzman, Helen. In no uncertain terms: memoirs. New York (1993).*

*Suzman, Helen. The Folly of Economic Sanctions. Business and Society Review (1986).*

# Chakravarti Rajagopalachari

## Unglaubliches Indien: Wirtschaftlich liberal, gesellschaftlich hindu-konservativ

In Indien ist alles anders – auch der Liberalismus. Er nimmt dort Formen an, die zumindest atypisch sind. Ja, sie sind nicht einmal auf den ersten Blick als liberal zu erkennen. Aber es gab ihn doch, den indischen Liberalismus. Zumindest wie er von Chakravarti Rajagopalachari (1878-1972) gepflegt wurde. Wer war dieser Mann?

Der letzte Generalgouverneur Indiens (1948-1950) war zugleich einer der wichtigsten Unabhängigkeitsaktivisten des Landes. „Kämpfer" wäre das falsche Wort, denn Rajaji – so sein informeller Rufname – war auch ein überzeugter Pazifist. Und im Unterschied zu den anderen Großen des Landes, etwa Gandhi oder Nehru, vertraute Rajagopalachari auf den Markt. Und deshalb wurde er zur wichtigsten Opposition der alles dominierenden und zunehmend sozialistischen Indischen Kongresspartei.

**Viel Schönes**

Kein Zweifel: Viele Auseinandersetzungen Rajajis folgten dem üblichen liberalen Muster. Er wollte möglichst viel Wirtschaftsfreiheit. Nach ihm sollten Unternehmen entstehen und handeln dürfen. Was sich nach nichts anderem als „common sense" anhört, war im Indien der 50er Jahre – und ist es vermutlich heute noch – eine Revolution. Denn Geschäfte mussten eine unendliche Anzahl Bewilligungen einholen, bevor sie zu funktionieren anfingen. Und diese mussten in jedem Bundesstaat, in jeder Provinz und in jeder Stadt einzeln und separat beantragt werden.

Rajaji engagierte sich für die Inklusion aller Glaubensrichtungen in den indischen Staat sowie für die Aufwertung der niedersten Kasten. Die unberührbaren Dalits wollte er zu Vollbürgern machen. Während die Gleichheit der Menschen vor dem Gesetz für ihn absolut wichtig war, lehnte der ausgebildete Jurist den Kommunismus ab. Und er war auch bereit, kommunistische Freiheitskämpfer – sprich: Terroristen – nach Attentaten mit dem Tod zu bestrafen. Doch Nehru wollte das nicht.

Auch wenn Rajagopalachari in den 50ern Innenminister unter Nehru war, entfremdeten sie sich schnell. Während der Premierminister mit dem Sozialismus kokettierte, stand der Innenminister für Wirtschaftsfreiheit und für Rechtsgleichheit ein. Während Nehru sowohl von den USA als auch von der Sowjetunion Entwicklungsgelder annahm, lehnte sie Rajaji ab. Der Grund: Erstens ist Entwicklungshilfe schlecht, weil damit die Produktivität nicht erhöht wird. Zweitens stammen die Gelder von Ländern, die die Atombombe haben. Und er war gegen die Bombe; überhaupt gegen Krieg.

**Einiges Hässliches**

Aus liberaler Perspektive gibt es auch Störendes im Weltbild des Rajagopalachari. Nachdem er die Zentralregierung verlassen hatte, wurde der Oppositionelle zum Regierungschef des Bundesstaates Madras – ein Amt, das er bereits in den 30er Jahren einmal hatte. Hier musste er sich der indischen Realität stellen: Sprachkonflikte und religiöse Auseinandersetzungen sowie Armut und Bildung standen auf dem Tagesplan. Zwar versuchte Rajaji, die Berufsbildung einzuführen, doch er verlangte von den Kindern, die Berufe der Eltern zu erlernen. Das führte zur Fortsetzung des Kastenwesens, das er bekämpfen wollte.

Zwar wollte er die Gleichberechtigung aller Menschen vor dem Gesetz und die Integrität sowohl des gesamtindischen Staates als auch der einzelnen Bundesstaaten garantieren. Doch genauso klar waren für ihn diese staatlichen Entitäten Hindi-sprachig und hinduistischer Prägung. Nicht nur lehnte er sprachliche Abspaltungen in seinem Bundesstaat ab, sondern verlangte die sprachliche Anpassung der Minderheiten. Als Regierungschef griff er sogar in unorthodoxe und anderssprachige hinduistische Kulte ein. Von ihnen verlangte er die Verwendung der traditionellen Sprache der Religion, Sanskrit.

Rajaji befürwortete ebenfalls die Prohibition – von Alkohol und Rindfleisch. Diese zwei sind typische Marker des Hindu-Nationalismus, der seinen Anfang in den 60ern hatte. Und das war auch der blinde Fleck des indischen Liberalen. So stark er sich antikommunistisch gab, so wenig Problembewusstsein hatte er für den Terror von rechts. Als sehr religiöser Brahmane befolgte er die Veden und Upanischaden, verfasste dazu Bücher und übersetzte religiöse Schriften ins Englische. Eine gewisse Hindu-Arroganz ist seinem Stil dabei nicht abzusprechen.

**Persönlichkeit mit Ecken und Kanten**

Nach seiner Abwahl in Madras gab Rajaji auch seine Zugehörigkeit zum Indischen Nationalkongress auf. Er gründete formell eine Oppositionspartei, die Swatantra (Sanskrit für „frei, selbständig, unabhängig“). Ihr Programm bekannte sich zwar zur liberalen Wirtschaftspolitik und zum Rechtsstaat. Doch gleichzeitig lehnte sie weder jegliche Regulierung der Wirtschaft noch den Sozialstaat ab. Sie war zwar multireligiös, pflegte aber ein konservatives Gesellschaftsbild.

In den 60ern stieg sie zwar zur größten Oppositionspartei auf, doch die Swatantra erlitt Rückschläge, als Rajaji sich von der Politik verabschiedete. Seine Partei wurde zwei Jahre nach seinem Tod 1972 aufgelöst.

„Dieser Mann ist beinahe ein Tory (britischer Konservativer)“, sagte einst Lord Louis Mountbatten, Rajajis Vorgänger als Generalgouverneur. Diese Charakterisierung trifft gut zu: gesellschaftlich konservativ auf indisch und wirtschaftlich offen auf liberale Art. Und immerhin sagte auch Mahatma Gandhi über Rajagopalachari: „Er war mein Gewissen.“

*Literatur*

*Kesavan, C. R. Unfolding Rajaji. Madras (2003).*
*Pasricha, Ashu. Encyclopaedia of Eminent Thinkers (vol. 15: The Political Thought of C. Rajagopalachari). Delhi (2008).*

# Jesse Owens

## Arm, schwarz und liberal: Die Lebenseinstellung eines Läufers und Arbeiters

Jesse Owens war arm und schwarz. Das war keine vorteilhafte Kombination in den USA der ersten Hälfte des 20. Jahrhunderts. Was aber erstaunen mag: Jesse war ein Liberaler. Vom Staat wollte er nichts, von der Gesellschaft auch nichts. Nur von sich selbst verlangte er viel.

Im Jahr 1913 kam James Cleveland „Jesse" Owens zur Welt. Geboren in einer armen Familie im armen Bundesstaat Alabama, hieß es für ihn, sehr früh schon Vollzeit zu arbeiten. Später zog seine Familie nach Ohio um. Aber auch dort hieß es: schuften.

**Laufen, Lernen, Arbeiten**

Aber auch lernen. „Ein Kind von mir stirbt intelligenter als ich", soll Jesses Vater einmal gesagt haben. Und so ging der Junge in die Schule, wo er seine Liebe zum Laufsport und zum Springen entdeckte. Schon dort imponierte er Mitschülern und Lehrern. Er gewann praktisch alle Wettkämpfe. Im Schulalter stellte Jesse neue Rekorde

*Jesse Owens (1913-1980)*

im 50-Meter-Sprint, 110-Meter-Hürdenlauf und auch im Weitsprung auf.

Mit einem solchen Potential ist es kein Wunder, wenn Jesse verschiedene Sportstipendien von einer Reihe von Universitäten angeboten wurden. Doch er nahm keines an, sondern ging an die kostenpflichtige Ohio State University. Warum? „Wenn du nicht schwitzen musst, ist es vermutlich nichts wert", war seine Begründung.

Und so brachte Owens alles unter einen Hut: Universität, Sport, Arbeit und die Ehe, die er mit 21 Jahren eingegangen war. Er arbeitete nebenher als Servierer, Liftoperateur, Bibliothekar und sogar als Bote im Parlament von Ohio. Doch bald schon brach er im Laufsport einen Uni-Rekord nach dem anderen.

**Berlin, Hitler, Roosevelt**

Im Jahr 1936 durfte Jesse zur Olympiade nach Berlin. Dort triumphierte er. Zum ersten Mal konnte ein US-Amerikaner vier Mal die Goldmedaille bei einer Olympiade holen. Als Schwarzer! Aber als ein Schwarzer, der zeitlebens nie die geschlossene Faust als Siegeszeichen erhob, sondern einer, der vor der US-Fahne salutierte.

Das gefiel dem Hausherrn der Olympiade, Adolf Hitler, gar nicht. Der wollte das Sportfest nutzen, um die „arische Überlegenheit" zu zeigen. Trotzdem: Hitler musste Owens Leistung anerkennen. Er winkte ihm zu und gab ihm sogar die Hand. Wer Jesse aber nicht die Hand gab, das war der damalige US-Präsident Franklin Delano Roosevelt, FDR.

Nach der Rückkehr des siegreichen US-Teams schickte FDR den US-Medaillisten ein Glückwunschtelegramm – allen außer den Schwarzen. Und so wurde der schwarze US-Amerikaner Jesse Owens zwar von Hitler beglückwünscht, aber nicht von Roosevelt.

Apropos Berlin: Dort knüpfte Jesse eine Freundschaft zum deutschen Athleten Lutz Long. Dieser umarmte den Schwarzen in aller Öffentlichkeit. Owens wurde auch von einem anderen Deutschen besucht, nämlich von Adi Dassler. Der wollte den Läufer dazu überreden, ein von Dassler konstruiertes Schuhwerk zu tragen. Jesse ließ sich überzeugen und lief in Adidas-Schuhen zum Sieg.

**Arbeit, Kampf, Zufriedenheit**

Zurück in den USA wurde Owens aktives Mitglied der Republikanischen Partei. Innerhalb der Partei kämpfte er für die Gleichberechtigung der Schwarzen. Das brachte ihm zwar Lorbeeren, aber kein Einkommen. Der Rekordbrecher und Medaillist musste sich ständig nach Arbeit umschauen.

Doch er weigerte sich, Staatsrenten und Staatsaufträge anzunehmen. Gleichberechtigung bedeutete für Jesse, alle sollten gleiche Chancen haben. Wie man die Chance nutzt, gehört zur individuellen Selbstverantwortung. Deshalb war er auch zutiefst skeptisch gegenüber dem Mainstream der schwarzen Bewegungen in den USA. Er verstand natürlich den Kampf und führte ihn auch. Aber sein Kampf war einer für Freiheit: Freiheit der Schwarzen und Freiheit vom Staat.

Der schwarze Rekordbrecher blieb seinem Lebensstil treu. Er betrieb viel Sport, arbeitete viel, war sich nicht zu schade, auch als bekannte Persönlichkeit „Mini-Jobs“ anzunehmen und andere Meinungen zu äußern, als man von ihm erwartete. Sein Leben lang blieb er ein Liberaler, ein zufriedener Liberaler.

*Literatur*

*Baker, William Joseph. Jesse Owens: An American Life. New York (1986).*

# Grover Cleveland

## „Neue Gesetze? Nein! Genug regiert!“ Dem Liberalismus verpflichtet, vom Establishment gehasst

Kartellisten, Fiskalisten, Militaristen – und wohl auch Keynesianer. So könnte man die allermeisten Präsidenten der Vereinigten Staaten von Amerika bezeichnen. Einen nicht: Grover Cleveland. Wenn es einen gab, der dem Liberalismus verpflichtet war und danach handelte, dann dieser Demokrat. Vom Establishment wurde er gehasst. Und auch zeitgenössische Historiker haben nichts als Häme für ihn übrig. Zu Unrecht.

Stephen Grover Cleveland (1837-1908) war zweimal Präsident der Vereinigten Staaten von Amerika. Erstmals zwischen 1885 und 1889 und dann wieder von 1893 bis 1897. Zwar erhielt er auch am meisten Volksstimmen in den Wahlen 1889, doch er verlor in der Auszählung der Wahlmännerstimmen an den republikanischen Kontrahenten. Cleveland ist somit der einzige Präsident, der abgewählt und später wiedergewählt wurde. Als die Familie das Weisse Haus 1889 verliess, soll er zum Dienstpersonal gesagt haben: „Haltet die Möbel in Ordnung. Wir kommen zurück."

**Liberales Programm**

Viel wichtiger aber als die politische Laufbahn des Sheriffs, Bürgermeisters von Buffalo, Gouverneurs von New York und zweimaligen Präsidenten ist sein Programm. Und das war liberal. Fast ohne Kompromisse. Doch seine Ideen fußten nicht in Philosophie – Cleveland war kein gelehrter Mann. Er stammte aus ärmlichen Verhältnissen, wechselte ständig die Schule, jobbte als Sachbearbeiter und beendete nur mit Ach und Krach eine Ausbildung zum Juristen. Die einzige Lehre, die den Pfarrerssohn prägte, war der Presbyterianismus.

Clevelands Liberalismus kam aus dem „common sense". Er stand ein für möglichst tiefe oder keine Schutzzölle, für die Goldanbindung der Währung, für die unbedingte Gewährleistung privater Eigentumsrechte, für minimale Steuern und vor allem für einen schlanken Staat, der sich lediglich um Rahmenbedingungen kümmert. „Die Politik ist nicht da, um Probleme zu lösen", erklärte er einmal einer staunenden Menge.

**Jeder Mann für sich**

Das Bild des mündigen und fleißigen Individuums war zentral für die Politik des unbeliebten Präsidenten. Als die Bauern in Texas von großen Unwettern geplagt wurden, war der Kongress bereit, ihnen Subventionen zu geben. Cleveland belegte das Gesetz mit einem Veto. „Die Verfassung beauftragt uns nicht, einzelne Menschen zu unterstützen.“ Wer würde sich heute trauen, eine solche Begründung zu geben? Ähnlich hart war er bei den Veteranen des Bürgerkriegs. Als es darum ging, ihre Renten zu erhöhen, belegte der Yankee Gesetz um Gesetz mit seinem Veto. „Wer kämpfte, tat dies aus Überzeugung, nicht in der Erwartung einer Rente.“

Überhaupt: Geldausgeben war nicht seine Sache. Für ihn war es die wichtigste Aufgabe des Präsidenten, für eine disziplinierte Fiskalpolitik zu sorgen. Er taxierte es als einen Verfassungsbruch, wenn die Zentralregierung mehr Steuern eintreiben würde, als sie brauchte. Und genauso falsch war es, die Regierungsaufgaben so auszulegen, dass sie höhere Steuern bräuchte. Deshalb war er für die Goldanbindung der Währung: Silberanbindung bedeutet Inflation, und Inflation ist eine verkappte Steuer.

**Von Republikanern und Demokraten gehasst**

Zwischen dem Establishment und Cleveland herrschte Eiseskälte. Die Republikaner waren ein Gemisch aus Korruption, Industriepolitik – was eigentlich das gleiche ist – und Ausdehnung der Zentralregierung. Die Demokraten traten ein für hohe Subventionen, Silbergeld und starke Gewerkschaften. Cleveland hielt aber nichts von großen Gruppen. Er war dem freien Individuum verpflichtet.

So lautete seine Begründung für tiefe oder keine Schutzzölle nicht etwa, sie verminderten den Wettbewerb und die Innovation. Das auch. Viel wichtiger war ihm, dass Schutzzölle den Großkonzernen einen Vorteil geben. Und die Großkonzerne kartellieren den Markt. Sie beeinflussen auch die Politik. Sie kartellieren sogar den Arbeitsmarkt, indem sie Tarifverträge mit Gewerkschaften abschließen. Wer leidet darunter? Die ganze Wirtschaft, von den Konsumenten zu den nicht-gewerkschaftlichen Arbeitern, und natürlich auch die unabhängigen Unternehmer.

**Unpopuläre Entscheidungen**

Cleveland scheute sich nicht davor, unpopuläre Entscheidungen zu fällen und sie ebenso unpopulär zu begründen. Als Gouverneur von New York belegte er ein Gesetz mit Veto, das eine Preissenkung für Zugtarife verlangte. Seine Begründung für das Veto war einfach. Der Unternehmer kaufte die Eisenbahngesellschaft, als sie marode war, baute sie auf und war jetzt erfolgreich. Eine staatliche Preisfestlegung würde ja den Erfolg bestrafen. Ebenfalls unpopulär: Als Präsident ordnete er die Auflösung des Pullman-Streiks 1894 an – ein Horror für die Demokraten. Denn er erachtete es nicht als fair, wenn einige das Eigentum eines anderen beschädigen – als Erklärung ein noch größerer Horror für die Demokraten.

Überhaupt: Kein Präsident bediente sich des Vetos so oft wie er. Mit beinahe 600 Vetos ist er bis heute Rekordhalter. „Wir haben genug Gesetze; wir haben schon genug regiert“, soll er gesagt haben. Genauso konsequent agierte er bei Rezessionen. Denn er meinte, sie gehören einfach dazu. Die Wirtschaft würde schon zu sich selbst zurückfinden, wenn nur die Rahmenbedingungen richtig sind. Konjunkturprogramme und desgleichen hatten keine Chance vor Cleveland.

**Vorbild, aber nicht Held**

Grover Cleveland – so seine Biographen – hatte keine herausragenden Qualitäten. Er war ein einfacher Mann. Und räsonierte mit einfachen Leuten. Trotz des Hasses, den seine Partei für ihn hatte, wurde ihm sogar eine weitere Kandidatur angetragen. Denn das Volk mochte den „No-nonsense"-Präsidenten.

„No nonsense" hat aber auch gefährliche Wendungen. Cleveland war beispielsweise gegen das Frauenstimmrecht und gegen den Einbezug der Schwarzen in die Politik. Ihm ging es nicht um das Prinzip. Er hielt aber beide Projekte für zu kompliziert. Von den Indianern erwartete er komplette Assimilation. Auch hier ging es ihm darum, schwierigen Staatskonstrukten aus dem Weg zu gehen.

Cleveland wird vorgeworfen, er habe keine Visionen entwickelt. Doch das Gegenteil ist wahr: Seine Vision war es, dass ein Präsident – und die ganze Politik – keine Visionen zu entwickeln haben. Die Zukunft wird von Individuen und nicht von Staaten gemacht.

*Literatur*

*Cleveland, Grover. Presidential problems. New York (1904).*

*Nevins, Allan. Grover Cleveland: A study in courage. New York (1962).*

# Fumiko Kaneko

## Marxistisch und nihilistisch – auch liberal? Keine Macht über das Individuum ist gut

Fumiko Kaneko (1903-1926) ist eine Antiheldin. Uneheliches Kind, ungebildet, nicht-konformistisch ist sie 23-jährig in einem Gefängnis gestorben – Selbstmord. Heute würde sie sogar als Terroristin gelten. Doch in ihrem kurzen Leben zeigte sie, was sie unter individueller Verantwortung verstand. Individuelle Verantwortung war für sie ein Gebot des Tuns; eine Sache, für die es sich zu kämpfen lohnt.

Überhaupt: Der japanische Liberalismus präsentiert sich in vielem anders als etwa der europäische oder der chinesische. Meist reflektierten die wenigen japanischen Liberalen nicht abstrakt über die Stellung des Individuums und seiner Freiheit. Im Normalfall wurden ganz konkrete Fragen beantwortet. Zum Beispiel: Welches Recht hat der Einzelne, sich anders als das Kollektiv zu verhalten? Oder: Gibt es eine Grundfreiheit für alle, also unabhängig von

Geschlecht und sozialer Rolle? Und: Was ist mit dem Pazifismus?

**Unzufrieden**

Von alledem wusste Fumiko Kaneko freilich nichts. Sie wurde zwar in einem adligen (Samurai-) Kontext geboren, doch als uneheliches Kind nie anerkannt. Im Familienverband wurde sie als Verdingkind durchgereicht. Das prägte sie tief – meist negativ. Doch als Außenseiterin konnte sie die Dekadenz der japanischen Gesellschaft beobachten. Ebenso erlebte sie hautnah, wie brutal die japanischen Kolonialherren in Korea vorgingen. Denn auch dort musste sie als Kind dem Familienverband dienen.

Zurück in Japan lebte Fumiko in den Straßen Tokios. Zunächst fühlte sie sich von der Heilsarmee angezogen. Die Perspektive des individuellen Seelenheils eröffnete ihr neue Denkmöglichkeiten. Nämlich: Das Individuum ist nicht ein Rädchen in der kollektiven Maschine. Das Individuum ist Willensträger und frei, sein Handeln zu bestimmen. Diese Verpflichtung zur Individualverantwortung hat sie kurz vor ihrem Freitod festgehalten: „Warum ich alles tun musste, was ich tat? Weil ich es wollte."

Fumiko verließ aber die Heilsarmee wegen der Scheinheiligkeit viele ihrer Vertreter. Sie ging zu den Marxisten. Ihr gefiel dort die Ausrichtung auf die Gleichheit aller Menschen. In einer männlich-feudalistischen Gesellschaft, wie jener Japans ihrer Zeit, war die Gleichheit aller Menschen ein wichtiges Anliegen aller politisch Aktiven, die sich um Freiheit sorgten. Doch auch bei den Marxisten blieb Fumiko nicht lange. „Kommunismus ist die Macht des Kollektivs. Keine Macht über das Individuum ist gut." Zusammen mit dem Koreaner Park Yeol gründete sie die „Gesellschaft der Unzufriedenen".

**Ungebändigt**

Fumiko und Park gaben eine kurzlebige Zeitschrift heraus, in der sie das Programm der Gesellschaft darlegten. Ja: Es gab sehr diffuse politische Bezugnahmen auf Bakunin und Nietzsche. Doch das konkrete politische Programm war vielfältig. Grundsätzlich ging es um Befreiung. Abbruch der Kolonisation Koreas, Einführung einer republikanischen Demokratie in beiden Ländern – mit der Option eines „Ausstiegs" für jene Personen, die nicht im staatlichen Rechtssystem sein wollten – sowie die Gleichberechtigung aller Menschen.

Park und Kaneko waren keine Freunde freier Märkte. Doch das wenige, was sie darüber geschrieben haben, war eher positiv. Sie sahen die freie wirtschaftliche Betätigung als eine Ausprägung der Gleichheit der Menschen an. Zudem können freie Märkte zu sozialem Aufstieg – namentlich von Koreanern und Frauen – führen. Letztlich lehnten sie korporative und kommunistische Planwirtschaften ab, weil sie zu einer Kollusion von Staat und Unternehmen führen. Und zum Krieg.

Viel wichtiger als die theoretische Diskussion über das, was sein sollte, waren den beiden die konkreten Aktionen. Sie planten ein revolutionäres Programm. Zunächst strebten sie die Befreiung Koreas an und dann die Abschaffung des Kaisertums; unter anderem mit Gewalt.

**Unbelehrbar**

Ohne einen konkreten Verdacht wurden sie von der japanischen Staatspolizei festgenommen. Polizeiliches Vorgehen gegen „Dissidenten“ stand damals auf der Tagesordnung. Beide wurden verdächtigt, den Kaiser ermorden zu wollen. Obschon es keine Beweise dafür gab, bekannte sich Fumiko für schuldig. Sie wurde zwar zum Tode verurteilt, doch das Urteil wiederum in lebenslängliche Haft umgewandelt.

Fumiko wollte von einem kaiserlichen Pardon nichts wissen und nahm sich das Leben. Vielleicht wollte sie auch Märtyrerin sein. In den letzten Aufzeichnungen, die sie im Gefängnis machte, entsteht leicht dieser Eindruck. Aber andererseits legte sie klar dar, was sie meinte und wofür sie kämpfte. „Nihilismus ist nicht die Negation des Lebens. Es ist seine Bejahung. Indem ich derzeitige Strukturen zerstöre, schaffe ich Freiheit. Mein Nihilismus ist nicht pessimistisch, was Einzelpersonen angeht. Er ist pessimistisch, was die Staatsmacht angeht. Macht korrumpiert.“

„Ich will heutige Zwänge zerstören. Ja. Ich will, dass Leute frei sind, das zu tun, was sie wollen. Ich wollte, dass Leute merken, dass das, was sie tun, eine Bedeutung und Konsequenzen für sie persönlich hat. Und damit müssen sie leben. Nihilismus bedeutet für mich, dass man nicht in Zusammenhängen gefangen oder gerettet ist – es bedeutet, man muss für sich selbst schauen.“

*Literatur*
*Kaneko, Fumiko. The Prison Memoirs of a Japanese Woman. Armonk (2001).*

# Roberto Campos

## „Lieber Sündenböcke als Logik"
## Der brasilianische Ökonom war einer der Granden des Liberalismus

Der brasilianische Liberalismus war nie bedeutend oder wirksam. Aber Roberto Campos war beides. Er scheute sich nicht, der Politik und dem Volk die Leviten zu lesen. Und auch wenn er oft alleine dastand, die Zeit gab ihm recht. Leider.

Als Priester ausgebildet, als Diplomat eingesetzt, als Ökonom aktiv. So kann man das Leben von Roberto Campos (1917-2001) auf den Punkt bringen. Er wirkte unter anderem als brasilianischer Botschafter in den USA, als Mitglied der Bretton-Woods-Delegation, als Minister unter den linken Präsidenten und in der Militärdiktatur sowie als Parlamentarier in der demokratischen Phase. Stolz verkündete er immer wieder: „Keine Vorschläge von mir haben Eingang in die Verfassung von 1988 gefunden."

**Die Tragödie von 1988**

Freilich war dieser Stolz nur bitterer Sarkasmus. Denn Campos meinte, die erste demokratische Verfassung nach der Diktatur würde die Zukunft des Landes verbauen. Fast schon visionär dachte er dabei vor allem an Telekommunikation, den Finanzplatz und an die Staatsunternehmen. Und er sollte überall recht bekommen.

Denn das Ideal der Verfassungsväter und -mütter war sowohl ein Gratis-Telefonanschluss in jedem Haus als auch ein Gratis-dafür-Vollservice-Bankkonto für jedermann und -frau. Campos erinnerte alle daran: Nur wenn Menschen bereit sind, für Investitionen zu bezahlen, werden diese erst getätigt. Und ohne Investitionen keine Innovation. Gehört wurde er; gefolgt wurde ihm nicht. Nun, die Auswirkung des konstitutionellen Bedienungsstaates waren wie vorhergesehen: Brasilien war (und ist zum Teil noch heute) unterversorgt mit Bandbreite, Internet und Finanzdienstleistungen.

Zur Petrobras, dem staatlichen Ölmulti mit Verfassungsrang, meinte Campos: „Die Petrosaurus ist alles, aber kein Unternehmen. Sie ist eine Pensionskasse für Mitarbeitende, eine Wahlkampfkasse für politische Parteien und ein Monstrum rückwärtsgewandten National-Merkantilismusses. Weil sie kein Unternehmen ist, das Wert auf Gewinn, Effizienz und Innovation legt, ist sie eine Bürde für die ganze Nation." Damals wegen der Äußerung ausgelacht, wird er heute bestätigt, denn die derzeitige Implosion Brasiliens begann just bei der Petrobras.

## Pragmatischer Liberalismus

Campos war sehr früh schon sehr liberal. Das hat ihn aber nicht daran gehindert, pragmatisch mit allen Gruppierungen zusammenzuarbeiten. Seine Causa war die Freiheit und alles, was den Brasilianern mehr Freiheit brachte, war ihm recht. Deshalb wirkte er sowohl in den linken Kubitschek- und Goulart-Regierungen in den 50ern und 60ern als auch in der Militärdiktatur in den 70ern und 80ern. In den 90ern versuchte er als sehr unabhängiger Parlamentarier liberale Anliegen einzubringen.

Ob rechts oder links: Der brasilianische Nationalismus war immer stark – und ist es heute noch. Seine typischen Kennzeichen sind das merkantilistische Abschotten der eigenen Wirtschaft sowie die Skepsis gegenüber ausländischen Unternehmen und Investoren. Die brasilianische Politik ist ebenfalls meisterhaft darin, die eigenen Fehler auf die „ausländischen Mächte" zu schieben.

Campos hingegen ortete den Hauptgrund für die brasilianische Unterentwicklung in diesem Nationalismus. Er wollte Märkte öffnen, Auslandsinvestitionen zulassen, Brasilien in die Globalisierung hineinführen. Eine Politik, die das verunmöglicht, war in seinen Augen falsch. Und weil die brasilianische Politik das immer verunmöglichte, taxierte er sie: „Wir sind gut darin, Sündenböcke für unsere Fehler zu finden. Und wir sind schlecht darin, der Logik zu folgen."

## Liberaler und Literat

„In Brasilien gibt es nur einen Ort, der als unterentwickelt gelten kann. Das ist die Stadt São Paulo. Der Rest ist nur Afrika.“ Campos schockierte oft – und gerne – mit politisch inkorrekten Sprüchen und Texten. In seinen zahlreichen Büchern zeigte er nicht nur seine immense Bildung, sondern auch seine Prägung. Campos vertraute nur der Logik des dynamischen Marktprozesses und nicht den quantifizierenden Modellen der Ökonomie. So erhob er die sonst so trockenen technischen Essays über Wirtschaft in die Gattung der Literatur.

Vermutlich ist er der erste und einzige Ökonom, der wegen ökonomischer Werke in die Brasilianische Akademie der Literatur gewählt wurde. Freilich gab es Proteste gegen seine Wahl. Linke – das heißt, alle – Kulturschaffende stellten sich nicht nur dagegen, sie skandierten auf der Straße gegen Campos. Einmal gewählt, ließ er es nicht dabei bewenden. In seiner Antrittsrede seufzte er schelmisch: „Brasilien ist so weit weg vom Liberalismus wie die Erde vom Sternbild Großer Bär.“

Campos ist einer der Granden des Liberalismus. Relativ unbekannt ist er geblieben. Denn zum einen war er nur in Brasilien aktiv, und zum anderen waren ihm internationale Vereinigungen von Liberalen suspekt. Er wollte nicht den Glaubenden predigen, sondern den Liberalismus in die Tat umsetzen. Seine Stellung für den Liberalismus allgemein war ähnlich wie seine Wirkung in Brasilien. Er stand mit der Laterne am Heck – so auch der Titel seiner Autobiographie. Dort stellte er fest: „Der Staat kann nur wenig Gutes tun; dafür unendlich viel Schlechtes.“

*Literatur*
*Campos, Roberto. A Lanterna na popa memorias. Rio de Janeiro (1994).*
*Campos, Roberto. Na virada do milênio. Rio de Janeiro (1991).*

# Zora Neale Hurston

## Der Staat ist Voodoo: Eine liberale feministische Anthropologin

„Von einem fremden Gott abhängig zu sein. Das ist das gleiche, wie wenn man einem Fuchs vertraut, die Hühner nicht aufzufressen.“ Wer ist der fremde Gott? Fragt man die Urheberin des Zitats, Zora Neale Hurston, ist das der Staat. Wer war diese Frau? Sie kämpfte gegen die Diskriminierung der Schwarzen. Sie kämpfte gegen den Staat. Und wurde nicht selten von Schwarzen und dem Staat bekämpft.

Anthropologen sind nicht gerade dafür bekannt, ausgesprochen liberale Positionen einzunehmen. Schriftsteller noch weniger. Doch Zora Neale Hurston (1891-1960) war anders. Eine schwarze Feministin, gelernte Anthropologin (kulturrelativistischer Neigung), Self-made-Schriftstellerin und vor allem eines: ein durch und durch liberaler Geist. In den USA würde man sagen, eine Libertäre.

Für sie war Freiheit weder mit Rassendiskriminierung noch mit Sozialstaat vereinbar. So setzte sie sich für die Gleichbehandlung aller Menschen vor dem Gesetz ein. Gleichbehandlung deutete sie als das Recht, selbst zu ent-

*Zora Neale Hurston (1891-1960)*

scheiden. Individuen sollten die Möglichkeit haben, sich vom Staat abzuspalten. Wenn Menschen Hilfe brauchen, sollen sie sich an ihre Mitmenschen wenden. Und interventionistische Außenpolitik waren ihr ohnehin ein Graus. Denn „wenn man vom Staat abhängig ist, hat man sich seinem Vollstrecker ausgeliefert". Klarer geht es wohl nicht.

**Magie und Zauberei**

Als Anthropologin war die Südstaatlerin Hurston auf kreolische Magie spezialisiert. Sie erforschte Voodoo und Hoodoo im Süden der USA und in der Karibik. Sogar im Forschungsgegenstand war sie eine Struktur-Skeptikerin: Beide sind religiöse Lehren mit magischen Ritualen, aber Hoodoo ist im Unterschied zum Voodoo keine etablierte Religion mit festen Strukturen.

Hurston war weit davon entfernt, den Volksglauben zu idealisieren. Ganz im Gegenteil. Sie war sehr kritisch der Magie gegenüber. Denn wo auch immer Menschen in Kollektiven gefangen sind – etwa im magischen Kollektiv –, sind sie abhängig. Nach einem Forschungsaufenthalt sagte sie etwa: „Die Menschen auf Haiti sind freundlich und herzlich, abgesehen von ihrer Grausamkeit." Gemeint ist die Grausamkeit des Voodoo, der alle Lebensbereiche dominiert. Umso pointierter ihr politischer Vergleich in den USA: „Was ihr Staat nennt, nenne ich Voodoo."

**Harlem-Renaissance**

In den 20er Jahren lebte Hurston in New York. Im Norden Manhattans, in Harlem, formierte sich die schwarze Kultur neu. Schriftsteller, Musiker und bildende Künstler trafen sich regelmäßig zum Austausch – etwa in Hurstons Wohnung. Hier entschied sie sich, Schriftstellerin zu werden. Hurston blieb aber nicht in einem „Ghetto“. Sie bewegte sich ebenso gut in der „weißen“ Gesellschaft und freundete sich mit den liberalen – in den USA libertären – Schriftstellerinnen Rose Wilder Lane und Isabel Paterson an.

Im Gegensatz zu ihren Harlem-Weggefährten lehnte Hurston Kollektivismus ab. Viele Harlem-Kulturschaffende waren Kommunisten. Hurston war Republikanerin. Die meisten ihrer Gruppe fanden Roosevelts New Deal (die Einführung des Sozialstaates) gut. Hurston führte eine politische Kampagne dagegen an. Sie kritisierte die Schwarzen als Selbstzufriedene und kritisierte Roosevelt als Rassisten – „er führt eine große Röhre für Freiheit in Europa, aber zu Hause kommt nicht einmal ein laues Lüftchen“. Truman, der die Atombombe über Japan abwerfen ließ, nannte Hurston den „Metzger Asiens“.

**Wanderschaft**

„Meine Mutter ist gestorben, als ich 13 Jahre alt war. Dann fing mein Leben auf Wanderschaft an. Und es hörte nie mehr auf.“ Hurston war selten stetig in ihrem Leben. Immer wieder suchte sie das Neue. Immer wieder hatte sie Ideen. Und wenn diese Ideen nicht aufgingen – das war oft der Fall –, zog sie weiter. Sie war unter anderem Unternehmerin, Flugbegleiterin, Professorin, stellvertretende Lehrerin oder etwa Bibliothekarin.

Die drei Konstanten in ihrem Leben aber waren: Ihre Verpflichtung zur Freiheit. Ihr Mut, das zu sagen und zu tun, was sie für richtig erachtete. Ihre Faszination für die individuelle, menschliche Existenz und Interaktion. Hurston war hart im Austeilen und hart im Einstecken. Und einstecken musste sie viel. Von der Harlem-Gruppe als Verräterin abgetan, von der Wissenschaft des Plagiats verdächtigt, von der Politik nie ganz akzeptiert, vom Publikum nicht ganz gemocht: Hurston starb arm und unbekannt.

Erst in den letzten Jahren wurde ihr wissenschaftliches und schriftstellerisches Werk wiederentdeckt. „Rehabilitiert“ ist sie noch nicht, aber mittlerweile anerkennen auch die schwarzen Bewegungen in den USA den Beitrag dieser unorthodoxen Frau. Und mittlerweile anerkennen auch republikanische Kreise ihr Vermächtnis: Man kann „black, feminist, conservative“ sein.

*Literatur*

*Hurston, Zora Neale. Dust tracks on a road: An autobiography. New York (2010).*

*Hurston, Zora Neale. Tell my horse: Voodoo and life in Haiti and Jamaica. New York (1990).*

*Hurston, Zora Neale. Characteristics of Negro expression. Signifyin', Sanctifyin', and Slam Dunking: A Reader in African American Expressive Culture. Boston (1934).*

# William Gladstone

## Liberal aus Liebe: Eine ungewöhnliche Entwicklung

Er war das am längsten dienende Mitglied des britischen Unterhauses: 62 Jahre. Öfters war er Premierminister: zwölf Jahre. Als er im Jahr 1894 zurücktrat, zählte er schon 84 Lenze. Doch das wirklich Interessante über William Ewart Gladstone ist: Während die meisten liberalen Politiker mit zunehmender Amtsdauer zu Etatisten werden, war es bei ihm genau umgekehrt.

Als Gladstone (1809-1898) in das House of Commons mit nur 22 Jahren gewählt wurde, war er ein echter Konservativer. Er befürwortete die Subventionen der anglikanischen Kirche, der Bauern, der kleinen und mittleren Unternehmen, der Zünfte, der Gilden, der Großunternehmen, der Banken – kurz, er befürwortete alle Subventionen. Der Protektionismus stand genauso auf seinem Glaubensbekenntnis wie die Verteidigung der britischen Aristokratie.

Der 40-jährige Gladstone war schon ein ganz anderer. Er vertrat den freien Handel in der Binnen- und Außenwirtschaft. Er lehnte Subventionen mehrheitlich ab. Den Protektionismus sah er als Grund für Armut und Versor-

*William Gladstone (1809-1898)*

gungsengpässe. Und auch der Aristokratie vertraute er nicht mehr blind. Der 60-jährige Gladstone konnte wiederum auf große liberale Errungenschaften zurückblicken. Er reduzierte die Importbürokratie von über 1.200 Zolltarifen auf lediglich zwölf. Exportzölle schaffte er ab. Innungen, Gilden und Zünfte drängte er zurück. Und vor allem: Er lehnte jede Standeserhöhung seiner Person ab.

**„Nur Haushalte können haushalten"**

Der junge Gladstone wurde schnell Finanzminister. In dieser Position – noch war er dem Konservatismus verpflichtet – musste er feststellen, wie schlecht der Staat im Haushalten ist. Öffentliche Gelder werden immer ineffizient eingesetzt. Aus dieser Überzeugung heraus kämpfte er schon früh gegen Steuern: Er war gegen eine Einkommenssteuer und konnte sie von etwa zehn Prozent auf etwa zwei Prozent reduzieren. Als Premierminister eliminierte er dann auch die Steuerprogression.

Überhaupt: Sparsame Budgets waren seine Markenzeichen. Von den Staatsangestellten verlangte er immer wieder Vorschläge, welche Aufgaben der Staat aufgeben könnte. „Ein Beamter, der nicht täglich überlegt, welche Ausgaben er reduzieren muss, ist als Beamter nichts wert." Klare Worte, hart ausgesprochen.

Sein politisches Programm bestand aus vielen Öffnungen – nicht nur aus Marktöffnungen. Er ermöglichte es den Katholiken und Juden, ins Unterhaus gewählt zu werden. Auch erweiterte er das Wahlrecht auf die Arbeiterklasse. Zusammen mit diesen politischen Öffnungen war Gladstone dem Nicht-Interventionismus in der Außenpolitik verpflichtet. Kriege, so Gladstone, sollten nur mit Steuern und nicht mit Krediten finanziert werden. Und da die Steuereinkünfte niedrig waren, gab es nur wenige Mittel für Kriege.

**„Freiheit wird nicht an der Uni gelehrt“**

Warum änderte der in Oxford studierte Gladstone seine Überzeugungen? Warum sollte ein etatistischer Konservativer zum Liberalen werden? Gladstone gab zu, nichts von Freiheit an der Universität gelernt zu haben. In seinen Memoiren stilisierte er seine Umkehr: „Ich merkte, wie alle den Staat als Heilsbringer sehen, und dachte mir: Das kann nicht sein. Dieselben Lords und Exzellenzen, die von den Werten der Aristokratie sprechen, sind bereit, diese Werte für den Schutz durch den Staat oder für sein Geld über Bord zu werfen.“

Auch wenn die Kritik stimmen mag, ist es viel realistischer, Gladstones Liberalismus als eine intellektuelle Entwicklung anzusehen. Selbst als er schon dabei war, die Steuern zu bekämpfen, glaubte er immer noch an die Exklusivität der staatlichen Schulbildung. Und viel später, als es ihm gelungen ist, Importzölle massiv zu reduzieren, war er immer noch für die Subventionierung der Großunternehmen.

Das ändert nichts an der großen Gladstone-Anomalie: Je länger er in der Politik blieb, desto liberaler wurde er. Eine zweite Anomalie gibt es auch noch: Sein Liberalismus war nicht nur wirtschaftlich, sondern auch gesellschaftlich. Der Mensch mit konservativen Werten trat gegen die Kriminalisierung von Prostitution ein. Er war bereit, die Vormacht der anglikanischen Kirche zu brechen. Und er befürwortete den Föderalismus in der Irland-Frage – trotz des Risikos, sich deswegen seine gesamte politische Laufbahn zu verbauen, was dann auch geschah.

## „Freiheit ist Respekt und Liebe“

Gladstone war kein Philosoph. Abstrakte Gedankengänge waren ihm nicht geheuer. In jungen Jahren schrieb er zwar ein dreibändiges Werk über Homer. Aber es ging ihm, wie er selbst zugab, nur darum, einen konservativen Stallgeruch aufzubauen. Mit seiner zunehmenden Hinwendung zum Liberalismus nehmen auch seine abstrakten Interessen ab. Er wollte den Liberalismus verwirklichen und nicht nur darüber philosophieren.

In seinen Memoiren erzählt er viel über sich. Er gab zu, erzogen worden zu sein, der Freiheit zu misstrauen. Doch: „Wenn man die Menschen ernst nimmt, wenn man in ihnen Gottes Schöpfung sieht, wird es mir klar, dass es nicht bessere und schlechtere gibt. Menschen mit Respekt begegnen, bedeutet, ihre Freiheit zu schätzen. Die Mitmenschen zu lieben, so wie es uns die Bibel aufträgt, bedeutet, ihnen Freiheit zu geben. Freiheit ist Respekt und Liebe.“

Queen Victoria prägte das viktorianische Zeitalter in Großbritannien. Doch niemand prägte die viktorianische Politik so wie Gladstone. Das Zeitalter der größten britischen Prosperität war auch das Zeitalter des stärksten britischen Liberalismus – dank Leuten wie Gladstone.

*Literatur*
*Gladstone, William Ewart. The Gladstone Diaries. Oxford (1990).*
*Jenkins, Roy. Gladstone: A Biography. London (2002).*

# Wilhelm von Ockham

## Rasiermesser der Freiheit: Kein Privileg, sondern Teil der menschlichen Existenz

Wilhelm von Ockham (um 1288-1347) war ein Franziskaner. Das Armutsgelübde seines Ordens war ihm wichtig. So wichtig, dass er, um es zu verteidigen, es auf sich nahm, exkommuniziert zu werden. Denn bei dem Gelübde geht es nicht um Armut. Es geht um die Freiheit – Gottes und des Menschen.

Im 14. Jahrhundert befanden sich viele Bestandteile der Doktrin der katholischen Kirche noch im Fluss. Eine brisante Frage wurde erst kurz zuvor abgeschlossen: Hat alles im Himmel und auf Erden eine natürliche Ordnung? Thomas von Aquin machte Aristoteles zur Säule der Kirchenlehre und antwortete positiv. Die Franziskaner, vor allem der in Oxford lehrende Wilhelm, waren dagegen.

Für sie war nichts notwendigerweise so, wie es ist. Denn getreu dem biblischen Glauben ist Gott frei, das zu tun, was er will. Franziskaner betonten nämlich den Willen und damit die Freiheit des Wollenden und seine Verantwortung. Und da Gott die Menschen nach seinem Ebenbild machte, war auch der Mensch frei und für sich selbst verantwortlich. Diese Ansicht missfiel der Kirche. Für ihr Aufrechterhalten wurde Wilhelm im Jahr 1328 exkommuniziert und 29 seiner Lehrsätze wurden als häretisch eingestuft.

**Von Eigentum und Armut**

Der Clinch, in dem sich Franziskaner und Kurie befanden, ist einfach zu erklären. Franziskaner wollten sich absolut ans Armutsgelübde halten. Sie meinten, nur wer frei von irdischen Gütern lebt, sei frei, den Werken der Liebe nachzugehen. Die offizielle Kirche lehnte das ab. Sie meinte nämlich – aristotelisch –, irdische Güter seien für einen Zweck da und der Mensch könne sich nicht dieser Zweckursache entziehen. Das widerspreche der natürlichen Ordnung. Und ebenso aristotelisch meinte die Kirche – und tut es heute noch: Eigentum verpflichtet.

Wilhelm von Ockham griff alle diese Ideen scharf an. Es sei wissenschaftlich nicht möglich, die Zwecknotwendigkeit zu beweisen. Was man aber weiß: Man kann als Mensch den eigenen Alltag gestalten. Was man auch weiß: Der Gott der Bibel hat frei entschieden. Und nicht nur das, er hat seine Entscheidungen auch zurückgenommen. Mehr noch: Die Menschen mit der Gnade zu retten, war eine freiwillige Entscheidung Gottes und nicht eine vorbestimmte Idee, die ihn dazu zwang. Wäre die Gnade Gottes nicht seine bewusste Willensentscheidung, wäre sie auch nichts wert. Denn genau darauf kommt es an. Gott und Mensch sind frei im Handeln.

Diese Freiheit im Handeln gilt so absolut, dass es Teil der Freiheit sein kann, auf Freiheit zu verzichten. Beispiel etwa? Gott und Mensch können sich entscheiden, sich zu binden. Was mit dem alten und neuen Bund geschah, tun Menschen täglich, wenn sie Brot kaufen oder heiraten. Sie geben einen Teil der Freiheit ab, um sich an andere zu binden. Und weil der Mensch sein Leben in der Hand hat, kann er auch aus freiem Willen entscheiden, arm zu sein. Die erstaunliche Wende in Wilhelms Argumentation ist: Nur was freiwillig ist, ist legitim.

**Von Bärten und Messern**

In der Diskussion um den freien Willen ging es auch um eine Grundfrage der Wissenschaft überhaupt: Wie soll man argumentieren? Um die aristotelisch-thomistische Vorstellung der naturgegebenen Ordnung mit ihren Zweckursachen zu kontern, führte Wilhelm sein Rasiermesser ein.

„Eine Vielheit ist ohne Notwendigkeit nicht zu setzen." Das ist die üblichste Formulierung für das Rasiermesser. Anders kann man es so fassen: Wer etwas behauptet, muss das Behauptete beweisen oder plausibel machen. Wenn es zwei Theorien gibt, um das gleiche zu erklären, dann ist der einfacheren der Vorzug zu geben. Alle diese Formulierungen spiegeln die Forderung nach sparsamer Erklärung, ohne Einführung unnötiger Begriffe und Entitäten.

Das Rasiermesser ist viel brisanter, als es auf den ersten Blick erscheint. Damit lässt sich nämlich nicht nur wissenschaftliche Spitzfindigkeit von guter Theorie unterscheiden. Damit lassen sich auch Postulate wie Zweckursache oder Gottgegebenheiten hinterfragen. Für Wilhelm war es alles andere als natürlich oder göttlich gegeben, dass es Kaiser und Päpste gibt. Vielmehr werden ihre hoheitlichen Ansprüche durch die Freiheiten aller Menschen eingeschränkt. Das Rasiermesser stützt also der Kaiser und Päpste Bärte.

**Von Verantwortung und Ethik**

„Keine Handlung ist tadelnswert, es sei denn, sie liegt in unserer Macht.“ Freiheit ist für Wilhelm nicht ein Privileg – wie Aristoteles und auch Thomas sie dachten. Sie ist eine der wichtigsten Eigenschaften menschlicher Existenz. Die Freiheit und die Verantwortung für das eigene Tun befähigen erst das Individuum zum ethischen Handeln.

Mit scharfem Verstand entwickelte Wilhelm dies weiter: Wenn ein Akteur – und sei es fälschlicherweise – glaubt, seine Absicht sei gerecht, ist er verpflichtet, seinem Gewissen zu folgen. Die Forderung nach Gerechtigkeit darf daher nicht zur Unterdrückung der Freiheit führen.

Zu behaupten, Wilhelm von Ockham sei ein Liberaler gewesen, ist anachronistisch und falsch. Aber er war ein Wegbereiter der Freiheit des Menschen als politischer Wert. Und ein Verfechter sparsamer Theorien ohne haarsträubende Entitäten, deren Existenz man weder beweisen noch widerlegen kann (Markt, Wohlfahrt, Lebensqualität…).

*Literatur*

*McGrade, Arthur Stephen. The Political Thought of William Ockham. Cambridge (2002).*

*Ockham, William. Philosophical writings. London (1990).*

# Maurice Goetschel

## Der Jurist aus dem Jura: Ein pragmatischer Liberaler

Maurice Goetschel (1858-1921) wollte eine progressive Vermögenssteuer einführen. Er glaubte auch, der Staat solle Anwälte zur Verteidigung von Angeklagten in Strafsachen zwingen. Ebenfalls hielt er viel von einem sozialen Auffangnetz. Warum sollte man ihn überhaupt als einen Liberalen bezeichnen?

Die einfache Antwort ist: Weil er einer war. Dieser Schweizer FDP-Politiker aus dem Jura bezeichnete sich selbst als Liberalen. Seine politischen Anliegen hatten einen liberalen Kern. Die progressive Vermögenssteuer schlug er als einmalige Maßnahme für die Finanzierung der Schweizer Verteidigung im Ersten Weltkrieg vor. Was er damit wollte: die Kriegssteuer ersetzen. Diese drohte nämlich, wie jede Steuer, zu einer dauerhaften Einrichtung zu werden. Die einmalige Vermögenssteuer war der taktische Zug, um eine andere, teurere, abzuschaffen.

### Liberalismus als Abwägung

Ähnlich liberal war seine Motivation hinter der Pflichtverteidigung. Goetschel hatte Angst vor einem Zusammenspiel von Staat und Anwälten. Er dachte, da nur wenige Leute Anwalt werden konnten, würden sich die Anwälte mit dem Staat zusammentun und wild drauflos regulieren. Eine Möglichkeit, dieses Zusammenspiel zu brechen, war, die Anwälte zu zwingen, zu erleben, was sie anrichten. Vielleicht ist Goetschels Lösung naiv, doch er sollte Recht bekommen. Anwälte lieben Regulierung. Sie schreien nach noch mehr.

Selbst die Idee des sozialen Auffangnetzes hatte eine liberale Motivation. Goetschel befürchtete nicht nur Unruhe und Streik, sondern er wollte den Aufstieg des Sozialismus und der politischen Sozialdemokratie damit stoppen. Goetschel war vor allem ein Realpolitiker. Sein liberaler Kompass gab ihm die Richtung vor. Aber sein Kartenmaterial war die Gesellschaft seiner Zeit. Wie ein Alpinist, der Routen abwägt, war Goetschel bereit, Politikinstrumente abzuwägen.

**Liberalismus als Verpflichtung**

Doch der Jurassier war nicht bereit, alle möglichen Kompromisse einzugehen. Im Schweizer Parlament, dem Nationalrat, dessen Mitglied er war, redete er sehr deutliche Worte. Gegen alle, die vom Staat etwas erwarten, sagte er: „Andererseits muss aber doch mit steigender Besorgnis die Tendenz beobachtet werden, die da glaubt, für alle möglichen und unmöglichen Zwecke die Mittel des Staates in Anspruch nehmen zu müssen. Es bildete vor Zeiten den Stolz des Bürgers, auf eigenen Füßen zu stehen, und auch gemeinnützige und berufliche Institutionen ließen es sich angelegen sein, ohne Staatshilfe auszukommen und mit eigenen Mitteln hauszuhalten."

Und deutlich fuhr er gegen Lobbyisten fort: „Heute sieht jede berufliche oder gemeinnützige Organisation es für ihre besondere Aufgabe an, den Bund und, wenn möglich, auch die Kantone um ihre Subventionen anzugehen. Ich glaube, dass wir auch auf diesem Gebiete Maß zu halten haben und dass uns schon die finanzielle Notlage unseres Landes dazu zwingen muss, dieser steigenden Beanspruchung staatlicher Mittel entgegenzutreten, selbst auf die Gefahr hin, dabei das Missfallen der in Betracht fallenden Interessenten zu erwecken."

**Liberalismus im Glauben**

Goetschels Vater, ein jüdischer Tuchhändler aus Niederhagenthal im Elsass, hatte sich um 1840 in Delsberg/Delemont im Jura (damals Teil des Kantons Bern) niedergelassen. Viele in die Schweiz eingewanderte Juden, vor allem jene, die sich in den Städten niederließen, waren sogenannte Masortim, oder aufgeklärte Juden. Sie pflegten einen Umgang mit Religion, der in vielem der sozialen Praxis der damaligen Reformierten entsprach. Religion war ein Teil des Lebens, aber nicht alleine das Leben und noch viel weniger die Grundlage eines separaten Milieus.

Neben seinen politischen Tätigkeiten baute Maurice Goetschel die jüdische Gemeinschaft in Delsberg auf. Unter seiner Führung entstand die lokale Synagoge. Um 1880 zählte die Gemeinde 70 Mitglieder. Diese Zahl blieb bis zum Ersten Weltkrieg stabil. Goetschel bestellte einen „liberalen" Rabbiner und hielt die Gemeinde an, sich am kulturellen und politischen Leben der Stadt und Region zu beteiligen.

**Liberalismus in der Politik**

Denn er, der Jurist und zugelassene Anwalt Maurice Goetschel, beteiligte sich rege und erfolgreich an der lokalen und später nationalen Politik. Als Mitglied der FDP sah er vor, dass seine lokale Partei stramm auf der rechtsliberalen Schiene blieb. Als öffentliche Figur war der Anwalt geschätzt. Von 1890 bis 1921 amtierte er als Vize-Regierungsstatthalter des Amtsbezirks Delsberg.

Im Jahr 1902 wurde er in den Conseil général, die Legislative der Gemeinde Delsberg, dem er bis 1905 angehörte, gewählt. Anschließend war er von 1906 bis 1909 Mitglied des Gemeinderates bis hin zum stellvertretenden Bürgermeister. Sowohl 1902 als auch 1904 scheiterte er bei den Wahlen in den Großen Rat des Kantons Bern, was wohl auf seine jüdische Herkunft zurückzuführen war. Goetschel trat zu den Nationalratswahlen 1917 an und schaffte im Wahlkreis Nordjura die Wahl im zweiten Durchgang. Er wurde 1919 wiedergewählt und verstarb im Amt. Der erste jüdische Abgeordnete der Schweiz war ein Liberaler; ein pragmatischer Liberaler.

*Literatur*

*Kamis-Müller, Aaron. Antisemitismus in der Schweiz 1900-1930. Zürich (1990).*

*Schweizerische Eidgenossenschaft. Wortprotokolle Eidgenössischer Sessionen 1917-1921.*

# Benjamin Franklin

## Auf Augenhöhe mit dem Volk: Bildung für alle – aber nicht Akademie

Wer die ländlichen USA bereist, sieht sie überall. Heftchen; kaum DIN A5; mit einem Loch links oben. Damit werden sie dort angebracht, wo Menschen mindestens einmal am Tag sitzen. Almanache gehören fest zum Alltag und Selbstverständnis des „Middle America".

Ja: Almanache aus Nordamerika waren und sind so wichtig, dass Napoleon Bonaparte sie ins Italienische übersetzen ließ, als er die Cisalpinische Republik 1797 gründete. Heute fanden die Almanache hinaus aus dem Print. Sie haben eigene TV-Programme und eigene Games; „social media" natürlich auch.

Was sind Almanache? Und was hat Benjamin Franklin (1706-1790), ein Gründervater der USA, mit ihnen zu tun? Almanache kommen ursprünglich aus dem arabischen Raum. Über Europa fanden sie Einzug in den britischen Nordamerika-Kolonien. Sie sind ausführliche Kalender mit genauen meteorologischen Angaben und Daten zu den Himmelskörpern sowie vielen Tipps, was wann anzupflanzen ist. Kein Wunder: Eine agrargeprägte

*Benjamin Franklin (1706-1790)*

Gesellschaft schätzt dieses konzentrierte und praktische Wissen.

**„Poor Richard‘s Almanack“**

Ben Franklin war Inhaber einer Druckerei in Philadelphia, als er im Jahr 1732 zum ersten Mal seinen eigenen Almanach herausgab. Der findige Geschäftsmann wusste: Auf die Mischung kommt es an. Angaben zu den Jahreszeiten und zum Klima gehören einfach dazu. Aber der freiheitsliebende Geist wollte mehr. Almanache sollen Menschen bilden. Also fügte er lustige Geschichten und Wortwitz zwischen den Kalenderseiten ein. Bald sollten auch philosophische Gedanken, mathematische Rätsel und tugendethische Unterweisungen den Weg ins Heftchen finden.

Natürlich musste er das Format seinem Publikum anpassen. Kein Text durfte über eine Seite lang sein. Ein Gedanke zur Marktwirtschaft wurde von Tipps zum Reinigen der Geräte und zur Hausmedizin garniert. Die Ethik wurde in Aphorismen verpackt. Zum Beispiel: „Er verlor sich in Gedanken, weil er unbekanntes Terrain betrat.“

Das Heftchen baute auf Dialog als Stilmittel. Es ist, als ob zunächst Richard Saunders und dann Poor Richard – die zwei Pseudonyme Franklins – ins Zwiegespräch mit den Lesern treten würden. Das war dem Autor und Herausgeber wichtig. Denn er wollte praktisches und theoretisches Wissen allen Leuten – allen! – zugänglich machen. Und dafür wollte er auf Augenhöhe mit den Lesern treten, ja sprechen. Zudem: Der Dialog-Charakter seines Almanachs war ein gutes Verkaufsargument.

**Revolutionär und Konservativ**

Praktisch, bildend, umsatzstark – „Poor Richard's" verkaufte bald über 10.000 Exemplare pro Jahr. Das war die höchste Auflage einer Publikation in den Kolonien. Und bald wurde es allen klar: Poor Richard war Ben Franklin, der Geschäftsmann, der gelehrte Lernende, die Spaßbombe und der Revolutionär.

Klar: Der Almanach wurde scharf kritisiert. Vielen war er zu progressiv. Poor Richard nannte Gott nur beiläufig, machte keinen Hehl aus seiner Begeisterung für individuelle Selbstbestimmung oder Marktwirtschaft. Der eine oder andere Gedanke zur Loslösung der Kolonien von Großbritannien fand seinen Einzug. Und einmal meinte Richard sogar, die Sklaven seien zu befreien. Das passte nicht allen.

Kritik gab es auch von der anderen Seite. Für viele war der Almanach zu konservativ. Der Schriftsteller Nathaniel Hawthorne hielt nichts vom Hohelied auf das ländliche Leben, das im Almanach vermeintlich angestimmt wurde. Hawthorne verwarf die agrarische Gesellschaft als verstockt und zuweilen böse. Herman Melville fand die tugendethischen Unterweisungen in Form von Aphorismen einfach nur mühsam. Heutige Kritiker meinen, Franklin habe die Idee samt den Pseudonymen plagiiert.

**Heute noch wirksam**

„Poor Richard's" kam 25 Jahre lang heraus. Dank diesem Werk wurde Franklin reich. Es musste sich gleichwohl im Wettbewerb behaupten. Denn vor „Poor Richard's" gab es bereits Almanache, und mit dem „Farmer's Almanac" betrat 1792 ein wichtiger Konkurrent den Markt. Franklin hatte seinen Almanach 1758 eingestellt. „Farmer's" wird seitdem ununterbrochen publiziert – unter dem Namen „Old Farmer's Almanac".

„Poor Richard's" setzte Maßstäbe. Heute noch wirbt „Old Farmer's" mit dem Konterfei des Gründervaters. Heute noch bemühen sich alle ähnlichen Schriftstücke um tugendethische Aphorismen. Und sie erzählen heute noch in kurzen Texten, worauf es beim gesunden Republikanismus ankommt. „Farmer's Almanac" – nicht zu verwechseln mit „Old Farmer's" – führt sogar eine der ersten revolutionären Angewohnheiten Franklins weiter: Die „Citizen's Crusade".

In diesen Texten stellt das Heftchen politische Forderungen auf. Das kann die Verschiebung von Halloween auf einen Samstag sein; oder etwa der Ersatz der Dollar-Note durch eine Münze; oder auch nur, dass sich Leute freundlicher begegnen. Auch wenn einige Forderungen beinahe hanebüchen sind, muss man sich vor Augen führen: Das Heftchen, das am Spülkasten der Toilette hängt, politisiert. Unter anderem so gelang es den US-Revolutionären, die breite Bevölkerung zu mobilisieren.

**Ben Franklins Erbe**

Almanache existierten schon vor Franklin. Sie wurden auch nach ihm weiterverbreitet. Die Idee jedoch, in einem Heftchen praktisches und theoretisches Wissen sowie politische und ethische Unterweisungen zu verpacken oder sogar politische Forderungen zu stellen – das ist des Gründervaters Werk. Dieser Zugang ist nur möglich, weil

Franklin an den vernunftbegabten Menschen glaubte. Jedes Individuum kann seinen eigenen Verstand einsetzen. Und jedes Volk kann sich selbst verwalten – es braucht nur Bildung in Theorie und Praxis.

Wenn man einander auf Augenhöhe begegnet, können alle lernen.

*Literatur*

*Anderson, Douglas. The Radical Enlightenments of Benjamin Franklin. Baltimore (1997).*

*Franklin, Benjamin. Autobiography and other writings. Oxford (1998).*

# Rose Wilder Lane

## Die Freiheit finden: Wer zum Bettler gemacht wird, verliert seine Würde

Albanologinnen und Albanologen kennen sie. Die anderen nicht. Dabei war Rose Wilder Lane (1886-1968) für den US-amerikanischen Liberalismus mindestens so wichtig wie Ayn Rand. Denn Wilder Lane kannte die Sowjetunion. Und sie kannte Europa. Und beides gefiel ihr nicht.

Das ist vielleicht übertrieben. In Europa lernte sie einen Flecken kennen, der sie überzeugte. Nordalbanien. Sie besuchte die Region nämlich in den 20er Jahren und lernte die Gesellschaft in den Bergen schätzen. Die dortigen Stämme wehrten sich mit allen Mitteln gegen den aufblühenden Zentralstaat. Die Bergstämme kämpften auch gegen andere erfundene Königreiche wie Montenegro und Jugoslawien an. Sie wollten in Ruhe gelassen werden. Das war auch Wilder Lanes Philosophie. „Menschen sollen sich befreien."

**Befreiung der Frau**

Freilich liebte Wilder Lane viele Aspekte der albanischen Stammesgesellschaft nicht. Doch sie liebte auch

*Rose Wilder Lane (1886-1968)*

viele Aspekte ihrer heimischen Vereinigten Staaten von Amerika nicht. Sie war eine glühende Verfechterin der Gleichberechtigung aller Menschen. Kein Wunder; die Scheidung von ihrem Ehemann erfolgte, weil sie eine viel erfolgreichere Journalistin war als er.

Aber gerade weil sie kompromisslos für Gleichberechtigung eintrat, lehnte sie Feminismus und dergleichen ab. Die politische Auseinandersetzung in den USA der 30er Jahre war nämlich: Sollen spezielle Förderprogramme für Frauen und Schwarze initiiert werden? Sollen diese zwei Gruppen besondere Geldleistungen des Staates erhalten? Roosevelts New Deal hat gerade das gebracht. Wilder Lane war dagegen.

Sie meinte nämlich, es sei keine echte Befreiung, wenn man vom Staat abhängig gemacht würde. „Der Sozialstaat ist viel unterdrückender als der schlimmste Sklavenhalter: Er nimmt einem auch die Würde weg." Solange man Menschen in abstrakten Klassen wie weiß, schwarz, Mann, Frau, reich, arm, Masse und so weiter kategorisiert, sind sie nicht frei.

**Befreiung der Menschen**

Dieser Punkt gilt ganz generell. Sobald sich Menschen vom Staat das Leben vorschreiben lassen, sind sie nicht mehr frei. Wenn man zum Bettler gemacht wird, verliert man seine Würde. Mehr noch, man gefährdet alle anderen auch. „Subventionen und Sozialhilfe sind riesige Pyramidenschemen, die den politischen Erfolg eines Menschen auf Kosten der künftigen Generationen sichern." Auch hier wird die Kritik am New Deal deutlich.

Ihren Sozialversicherungsausweis schickte Wilder Lane zurück. Den Bons für rationierte Lebensmittel – das war in den USA während des Zweiten Weltkriegs und danach normal – verweigerte sie die Annahme. Um die Gründe dieses Ungehorsams zu überprüfen, schickte das FBI sogar einen Polizisten zu Wilder Lane ins Haus. Sie soll den Beamten gefragt haben: „Sind Sie von der Gestapo?"

Für Wilder Lane war es klar: Jede und jeder muss das Leben selbst in die Hand nehmen. Sie trat beispielsweise einer Genossenschaft bei. Die vom Staat rationierten Lebensmittel produzierte diese freiwillige Vereinigung im Überfluss. Obschon Wilder Lane eine beliebte – und auch reiche – Romanautorin war, fing sie an, weniger zu arbeiten. Sie wollte nämlich nicht mehr so viel verdienen, um auch weniger Einkommenssteuer zu bezahlen. Sie wollte nämlich nicht für den kriegstreibenden Sozialstaat aufkommen.

**Befreiung des Geistes**

Die gelernte Telegrafikerin, spätere Journalistin, gefeierte Romanautorin reiste ihr Leben lang. Sie zog durch die USA und wohnte in verschiedenen Staaten. Sie besuchte Europa. Sie diente sogar in der Sowjetunion für das Rote Kreuz. Auch wenn sie immer freiheitlich inspiriert war, wurde sie erst in den 1920ern zur überzeugten Liberalen. Im Jahr 1943 publizierte sie ihr philosophisches Buch „The Discovery of Freedom".

Im gleichen Jahr erschienen Ayn Rands „The Fountainhead" und Isabel Patersons „The God of the Machine".

Für viele US-amerikanische Liberale – Libertäre, wie sie sich nennen – markiert deswegen das Jahr 1943 die Geburt ihrer Bewegung.

Doch Wilder Lane war alles andere als eine Bücher schreibende, Gemüse pflückende Intellektuelle. Nach dem Zweiten Weltkrieg widmete sie sich ganz der liberalen Bewegung in den USA. Ihre Devise war: „Die USA dürfen nicht sozialistisch werden." Sie reiste, hielt Vorträge, baute Personen und Parteien auf. Sie ließ keine Ruhe. Denn von den albanischen Stämmen hatte sie gelernt: Wenn man etwas will, muss man dafür kämpfen; und wenn man es nicht will, auch.

*Literatur*

*Holtz, William. The Ghost in the Little House: A Life of Rose Wilder Lane. Kansas (1995).*

*Wilder Lane, Rose. Peaks of Shala. New York (1923).*

*Wilder Lane, Rose. The Discovery of Freedom. New York (1943).*

# Eine jüdische Gemeinde in der Schweiz

## Die Liberalen aus St. Gallen: Liberalismus entsteht und wirkt im Alltag

Wenn man vom St. Galler Liberalismus spricht, kommt vielen die Handelshochschule – pardon: heute heißt sie ja Universität – in den Sinn. Jene, die mit der Schweizer Geschichte vertraut sind, erinnern sich auch noch an die kulturkämpfende liberale Partei, an die St. Galler FDP. Noch nur die wenigsten assoziieren als erstes die dortige jüdische Gemeinde mit dem St. Galler Liberalismus.

Selbstverständlich gab es viel orthodoxere Formen des Liberalismus in St. Gallen. Aber der Liberalismus spielte für die jüdische Gemeinde in ihrer Gründungsphase und bis nach dem Ersten Weltkrieg schon eine spezielle Rolle. Denn die Gemeinde war liberaler Ausrichtung; und ihre Exponenten liberale Politiker.

**Politischer Kulturkampf**

Juden waren immer wieder in der Stadt St. Gallen anzutreffen. Doch offiziell erhielten sie das Wohnrecht erst im Jahr 1850. Im Jahr 1852 wurden 63 jüdische Einwohner in der Stadt gezählt, 1860 waren es 107; um 1910 sogar etwa 1.000. Doch schon jenes Wohnrecht war ein Element im Kulturkampf. Die Bruchlinie verlief entlang der Konfessionen. Die Reformierten waren liberal und hatten mit der FDP die stärkste politische Partei. Sie wollten die Emanzipation der Juden. Die Katholiken und Konservativen wollten sie nicht.

Das Sprachrohr der Schweizer Juden, die „Allgemeine Zeitung des Judentums", wurde im Jahr 1860 sehr deutlich: „Der Kanton St. Gallen ist schon lange der Herd der Zwietracht durch die ultramontanen Bestrebungen der katholischen Führer und der Geistlichkeit. Die liberale Sache trug aber den Sieg davon. Dadurch hat auch die Judensache in diesem Kanton gewonnen. Wie kommt Jesuitismus und Emanzipation der Juden zusammen? Nur von einem redlichen Liberalismus ist Heil zu erwarten."

Und so kam es zur Gründung der Israelitischen Kultusgemeinde St. Gallen im Jahr 1863 – die Synagoge sollte erst 1881 eingeweiht werden. Neben den „altansässigen" Juden aus St. Gallen wurden auch neu in die Textilstadt zugezogene Händler und Fabrikanten Gemeindemitglieder. Während die „Altansässigen" überwiegend ein pragmatisches Verhältnis zur Religion hatten, brachten die neu zugezogenen „aufklärerische" Überzeugungen aus Großstädten wie Frankfurt oder Stuttgart. Die gemeinsame Ausrichtung der Gemeinde war schnell gefunden. Sie sollte liberal sein.

**Politisches Engagement**

Zum ersten Rabbiner der Stadt wurde Dr. Hermann Engelbrecht gewählt. Von Anfang an engagierte er sich nicht nur in der St. Galler Gemeinde, sondern vernetzte auch die städtischen Kultusgemeinden der Schweiz. Sein Fokus auf die Städte ergab sich aus der allgemeinen liberalen Ausrichtung dieser Gruppen. Auch in St. Gallen selber wirkte er in der Öffentlichkeit. Selbst die orthodoxe jüdische Zeitung „Der Israelit“ schrieb im Jahr 1891: „Dr. Engelbrecht gehört zu den vorzüglichsten Vertretern des Judentums in unserem Land.“

Für die israelitische Kultusgemeinde in St. Gallen war es von Anfang an klar: Die Gemeinde müsste sich auch in den öffentlichen und gemeinnützigen Werken engagieren. Auf der einen Seite erwuchs diese Selbstverpflichtung aus der jüdischen Ethik. Und andererseits war dies eines der wichtigsten Anliegen des St. Galler Liberalismus. Der Staat solle sich auf das Setzen und Umsetzen des Rechts beschränken. Kaufleute und Fabrikanten sorgen für die Gesellschaft, auch für die Ärmsten.

Die jüdische Gemeinde in St. Gallen war selbst eine Frucht des Kulturkampfes. In einer Stadt, in der Religionszugehörigkeit (fast) immer auch politische Aktivität bedeutete, war es für die Gemeinde nichts anderes als logisch, sich in politischen Sachen zu betätigen. Die Marschrichtung hatte Rabbiner Engelbrecht vorgegeben. Er öffnete die Synagoge für die Stadtbehörden und feierte den Eidgenössischen Buß- und Bettag mit der christlichen Religion (am Sonntag).

**Politische Exponenten**

Die Gemeindemitglieder folgten dem Pfad. Die meisten Präsidenten oder Vorstandsmitglieder der Gemeinde wirkten in den Schul- oder Fürsorgekommissionen der Stadt. Einige saßen in der Stadtlegislative. Immer für die FDP. Zwei Präsidenten der Israelischen Kultusgemeinde schwangen dabei oben aus.

Dr. Carl Reichenbach wurde zunächst Mitglied der städtischen, dann der kantonalen Schulkommission. Im Jahr 1906 wurde er in das Kantonparlament gewählt und präsidierte es sogar in den Jahren 1915/16. Ein Jude war damit höchster St. Galler. An der wirtschaftsliberalen Gesinnung dieses Arztes konnten keine Zweifel bestehen. „Kriege führen Staaten; Kaufleute führen ehrenwerte Geschäfte“, sagte er einmal im Parlament. Und im Jahr 1910: „Wenn Länder Kriegen führen wollen, ist es ihnen anheimgestellt. Aber den Räten und Magistraten sei jetzt schon gesagt: Wir werden keine Kriege bezahlen.“

Jules Wohlgenannt, der nach Reichenbach Präsident der jüdischen Gemeinde werden sollte, wurde im Jahr 1912 zum Bezirksrichter gewählt. Vorher war der Freisinnige Vormund und Handelsrichter. Seine Richtertätigkeit verstand er als Vermittlung zwischen zwei Parteien. Und so notierte er in sein Tagebuch 1909: „Das Recht ist uns gegeben. Finden wir aber zwischen Rechtsstreitern Übereinkunft, wie könnte dies Unrecht sein?“

**Politische Probleme**

Doch die Gemeinde blieb nicht von politischen Problemen verschont. Religionspolitisch akzeptierten vor allem von Osteuropa eingewanderte Juden den liberalen Kurs nicht. Sie gründeten im Jahr 1917 eine eigene Gemeinde, die Adass Jisroel. Etwa zur gleichen Zeit erhielt auch der Antisemitismus Auftrieb. Selbst gestandene Persönlichkeiten wie Reichenbach und Wohlgenannt verloren an politischem Gewicht. Mit dem Untergang der Textilindustrie in den 1920er Jahren verlor die Gemeinde an finanziellen Mitteln und an Vordenkern in der Sache des politischen und religiösen Liberalismus. Introspektion und Verlust der gesellschaftspolitischen Rolle waren die Folge.

Vielleicht gab es gelehrtere und orthodoxere Liberale in St. Gallen. Aber der Fall der dortigen jüdischen Gemeinde zeigt: Liberalismus entsteht und wirkt im Alltag. Und die Gemeinde zeigt auch, wie Diversität den politischen Liberalismus belebt. Es gilt die gleiche Lektion, die die Schweizer FDP im 19. Jahrhundert beherzigte: In Zeiten großer Umwälzungen profitiert der Liberalismus von Offenheit.

*Literatur*

*Metzger, Thomas. Antisemitismus in der Stadt St. Gallen 1918-1939. Saint-Paul (2006).*

*Schreiber, Sabine. Hirschfeld, Strauss, Malinsky. Jüdisches Leben in St. Gallen. St. Gallen (1933).*

*Wyler, Fritz. Die staatsrechtliche Stellung der israelitischen Religionsgenossenschaften in der Schweiz. Bern (1929).*

# Katharine Stewart-Murray

## Eine Frau gegen Kollektivismen: Nein zu Stalin, Hitler, Franco und Chamberlain

Mutig. Anders lässt sich das Leben von Katharine Stewart-Murray (1874-1960) gar nicht beschreiben. Als die Kollektivismen verschiedenster Prägungen in Europa grassierten, sah sie es als ihre persönliche Aufgabe, dagegen anzukämpfen. Sehr zum Unmut des britischen Establishments.

Zunächst sah das Leben Stewart-Murrays unaufgeregt aus. Geboren im schottischen Adel, wurde sie zur Musikerin ausgebildet. Nach der Eheschließung mit einem Offizier sah sie es als ihre vornehmste Aufgabe an, ihn zu Anlässen zu begleiten und Musikstücke für sein Regiment zu komponieren. Erst nach seinem Tod sollte sich das ändern. Sein Adelstitel wurde ihr übertragen, und seine politischen Ideen eignete sie sich an. Die nunmehr Herzogin von Atholl – Duchess of Atholl – zog in die Politik ein.

*Katharine Stewart-Murray (1874-1960)*

**No-nonsense Conservative**

Stewart-Murray trat der Scottish Unionist Party bei. Diese Partei entsprach etwa den Torys in Schottland, politisierte aber viel eher in der Mitte des politischen Spektrums und hatte eine große Wählerbasis bei den Arbeiterschichten. Die Herzogin von Atholl liebte dieses Programm nicht. Sie bezeichnete sich selbst als eine „nononsense conservative“ (nicht-Unsinns-Konservative), die nur an die individuellen Fähigkeiten und an Freiheit glaubte: „Alles, was der Freiheit zuwiderläuft, gehorcht dem satanischen Prinzip.“

Sie kandidierte für einen Sitz im britischen Unterhaus. Im Wahlbezirk Kinross and West Perthshire gelang es ihr im Jahr 1923, den Sitz einem Linksliberalen abzujagen. Sie zog ins Westminster-Parlament ein und wurde schnell zur (Junior-) Ministerin und später zur Fraktionschefin aller Konservativen. Zwar war sie nicht die erste Frau im Parlament, aber die erste Ministerin und Fraktionschefin der Torys, wo sie sich am rechten Rand des rechten Flügels politisierte.

**Nein zu Stalin und Hitler**

In seinen Memoiren gibt Churchill selber zu: „Wir alle dachten, die zierliche Musikerin würde still im Kabinett sitzen und unsere Befehle ausführen.“ Weit gefehlt, denn die Herzogin von Atholl war sehr beunruhigt. Erstens meinte sie, der Premierminister Chamberlain sei zu sozialstaatlich orientiert. Zweitens ortete sie in der Revision des imperialen Indien-Gesetzes ein „national-sozialistisches“ Potential. Drittens lehnte sie

Chamberlains Appeasement-Politik gegenüber Hitler ab.

Für Stewart-Murray war es klar: Es gibt keinen Kompromiss mit Kollektivismen. Im Jahr 1931 bereiste sie die kommunistische Sowjetunion und schrieb das Buch „Die Einberufung eines Volkes“. Damit war eher gemeint, das Volk werde vom Kollektiven unterdrückt. Das gleiche kollektivistische Prinzip sah sie am Werk im nationalsozialistischen Deutschland, im faschistischen Italien und im Franco-Spanien. Für Stewart-Murray waren alle Formen des Kollektivismus gleich schlecht.

**Nein zu Chamberlain**

Als konservative Politikerin glaubte Stewart-Murray ans Britische Empire. Und an die ethische Verantwortung dieses Empires. Für sie war es unvorstellbar, dass London der Verbreitung der Kollektivismen neutral zusah. Sehr direkt sagte sie an die Adresse des Premierministers: „Wer nicht für unsere Freiheit kämpft, handelt nicht anders als ein Verräter.“

Sie war nicht alleine im Kabinett. Menschen wie Churchill hatten das gleiche Problem erkannt und die gleiche Lösung entworfen. Doch gerade Churchill war neidisch auf die Herzogin von Atholl und verteidigte sie nur halbherzig. Denn er wollte derjenige sein, der den Inner-Tory-Widerstand anführte. Im Jahr 1935 trat Stewart-Murray aus dem Kabinett aus.

**Nein zum Müßiggang**

Sie verblieb aber noch im Parlament und wurde aktiver denn je. Von dort aus versuchte sie, im Widerstand zu wirken. Sie gründete Vereine, die gegen die sowjetische Invasion osteuropäischer Länder oder gegen den italienischen Expansionismus oder auch gegen Nazi-Deutschland protestierten. Sie war ebenfalls federführend in der Unterstützung der republikanischen Kräfte in Spanien gegen Francos Armee.

Deswegen wurde sie diffamiert. „Die rote Herzogin“ wurde sie genannt. Die Herzogin unterstützte die kommunistisch angeführten Republikaner, weil sie befürchtete, Franco würde Spanien an Deutschland heranführen und damit die napoleonische Blockade wieder aufleben lassen. Zudem sah sie, dass (die wenigen) wirtschaftsliberalen Kräfte im Land sich hinter die Republikaner stellten. Das war für sie Grund zur Hoffnung, auch wenn sie alle sozialdemokratischen und kommunistischen Elemente in jenem Lager verabscheute.

**Nein zu Ihrer Hoheit**

Weil Chamberlain sich immer noch an Hitler und Franco anbiederte, trat die Herzogin aus der Partei aus. Im Wahljahr 1938 versuchte sie ihre Wiederwahl als unabhängige Kandidatin. Churchill sah sich zwar veranlasst, ein öffentliches Telegramm zugunsten von Stewart-Murray zu schreiben, erschien aber zu keiner Wahlveranstaltung. Das hatte er ihr aber zuvor versprochen. Sie wurde hauchdünn vom konservativen Kontrahenten besiegt und schied so aus dem Parlament aus. Laut Churchill soll Chamberlain dankbar geseufzt haben: „Her Grace is out“ („Ihre Hoheit ist raus“).

Trotzdem blieb Stewart-Murray aktiv. Sie machte außerparlamentarische Opposition. Und als Großbritannien endlich gegen die Kollektivisten eintrat, unterstützte sie Churchills Kurs. Die Herzogin hatte ja die Größe dazu. Und sie hatte den Mut, die sozialdemokratischen Regierungen nach dem Zweiten Weltkrieg unermüdlich als Kollektivisten und Kriminelle zu kritisieren.

*Literatur*

*Hetherington, S.J. Katharine Atholl 1874-1960. Aberdeen (1989).*

*Steward-Murray, Katherine. National Library of Scotland, Manuscripts Collections, correspondence and papers regarding the Scottish National War Memorial, 1919–1958.*

# Im Yunjidang

## Durch Bildung zur Freiheit: Menschen müssen sich selbst um ihr Leben kümmern

Klassische koreanische Literatur wird in drei Stilrichtungen unterteilt. Kubimunhak ist die mündliche Weitergabe von Texten; Kungmunmunhak ist das Schreiben koreanischer Texte auf Koreanisch (Hangul); Hanmunhak ist das Verfassen koreanischer Texte in klassischem Chinesisch. Diese letzte Kategorie ist die Gruppe gelehrter Texte. In Korea werden sie sogar „männliche Texte“ genannt. Denn alle Gelehrten, die sich dieser Gattung bedienten, waren Männer. Mit einer Ausnahme: Im Yunjidang (1721-1793).

Nun: Das Eindringen in die männliche Domäne macht eine Frau noch lange nicht zur Liberalen. Was Im Yunjidang zur Liberalen macht, ist, wie sie die Gesellschaft um sie herum beeinflussen wollte. Natürlich dachte sie, auch Frauen sollten Gelehrte werden. Doch vor allem wollte sie den Absolutismus des Herrscherreiches zurückdrängen. Durch Bildung sollten alle freier werden.

**Joseon**

Die Joseon-Dynastie war ein Herrschergeschlecht, das von 1392 mit Beginn des Königreichs Joseon bis zum Ende des Kaiserreichs 1910 über mehr als 500 Jahre Korea regierte. Das Wort wird heute für die Benennung dieser gesamten Periode verwendet. Die Dynastie näherte Korea den chinesischen Gebräuchen an und führte den Neokonfuzianismus als Reichsideologie ein. Nach kriegerischen Auseinandersetzungen mit Japan und den Mandschus im 16. und 17. Jahrhundert wurde das Joseon-Reich extrem isolationistisch. Vor allem im 18. Jahrhundert war Joseon eine Mischung aus absolutistischem Herrscheranspruch und kompensatorischen Kompromissen – auch Klientelpolitik genannt – zwischen den adligen Familien.

Just in dieser Zeit bildete sich eine innerkonfuzianische Reformbewegung, die Silhak. Diese genuin koreanische Philosophie wollte das Praktische im Leben ergründen. Sie wollte vor allem dem Reich und seinen Offizialen Instrumente zur „guten", das heißt, noch absoluteren Staatsführung geben. Das ging vielen Neokonfuzianern zu weit. Der Neokonfuzianismus war ein von buddhistischen und daoistischen Einflüssen bereinigter Konfuzianismus. Ihm ging es um die rationale und wissenschaftliche Erklärung der Welt. Zentral im neokonfuzianischen Denken war die Figur der Ordnung. Hier kommt Im Yunjidang ins Spiel.

**Lixue**

Silhak wird oft als wissenschaftlicher, offener und praktischer portraitiert. Heute wird die Gleichung gemacht: Wer reformorientiert war, war Silhak. Das stimmt auch so. Die Lehre der Ordnung, Lixue, wie die puristischen Neokonfuzianer genannt wurden, ist orthodox, gesellschaftlich konservativ und begünstigte den Isolationismus. Aber: Silhak sah einen großen, planenden, ausführenden Staat vor. Der Neo-Konfuzianismus legte Wert auf die individuelle Entfaltung. Er sah im großen Staat eine große Barriere für diese individuelle Entfaltung.

Das war insbesondere bei Im Yunjidang der Fall. Sie war eine Angehörige einer adligen Familie. Sie wurde mit einem anderen Adligen vermählt. Sie wohnte bei Hofe. Sie spielte die zurückgezogene Rolle, die koreanische Frauen spielen mussten. Sie sah dem Aufstieg der Silhak-Ideologie zu. Und das gefiel ihr alles nicht. Denn Im dachte, nur von Individuen und von Familien selbst Erschaffenes sei ethisch gut. Das Reich und seine Verwaltung als Selbstbedienungsladen zu missbrauchen, verstieß in ihren Augen gegen die Ordnung. Die Menschen daran zu hindern, sich zu entfalten, ebenso. Genau das war aber der Fall in Silhak. Als Opposition dazu startete sie ihre Laufbahn als Philosophin.

**Xuexi**

In der konfuzianischen Philosophie im Allgemeinen und bei Im im Speziellen war das Lernen – Xuexi – zentral. Durch das Lernen können die eigenen Talente entdeckt und gefördert werden. Im Lernen wird die Ordnung der Selbstverwirklichung real. Wer lernt, befreit sich von äußeren Zwängen. Anders als andere Neokonfuzianer sah sie das Lernen nicht als Standesprivileg an. Für sie war

Lernen eine moralische Pflicht und deswegen für alle, auch für Leibeigene, geboten. Sollte ein Leibeigener durch Lernen zum konfuzianischen Gelehrten – Junzi – werden, so sei er als ein solcher zu akzeptieren.

Der eigenartige Protoliberalismus Im Yunjidangs ist gerade der: Menschen sind vom Herrschaftssystem unabhängig und müssen sich selbst um ihr Leben und ihre Erfüllung bemühen. Vor allem aber können alle Menschen Junzi werden – und zwar unabhängig von der Reichsbürokratie, vom Stand oder – in ihrem Fall – vom Geschlecht. Es mag sein, dass Ims Werte, wie bei Neokonfuzianern üblich, konservativ waren. Doch ihre Sicht des Menschen, seiner Entfaltungsmöglichkeiten und seines unabhängigen Selbst war in vielem liberal.

**Hyangsi**

Eine Konzession an die Silhak machte Im aber. Sie war offen für Märkte – Hyangsi. Neokonfuzianer hatten eine allgemeine Präferenz für die selbstversorgende Landwirtschaft. Silhak waren offener für Produktion und Handel. Im Yunjidang auch. Ihrer Meinung nach – und das gilt heute als der Konsens unter Historikern – waren Frauen viel aktiver in der koreanischen Geschichte vor Joseon, als Märkte offener waren. Sie dachte, mit der Öffnung der Märkte könnten die Menschen, die sich durch Bildung weiter entwickeln, noch weiter befreit werden.

Im Yunjidang ist heute weitgehend vergessen. Das ist schade. Denn kaum eine Person konnte so gut die philosophische Selbstbestimmung des Menschen mit ethischem Konservatismus verbinden. Und das nicht einmal in einem politischen Sinne, sondern in der Form, die sie gerne hatte: durch Bildung zur Freiheit.

*Literatur*

*Kim, Sungmoon. The Way to Become a Female Sage: Im Yunjidang's Confucian Feminism. Journal of the History of Ideas (2014).*

*Kim, Youngmin. Neo-Confucianism as free-floating resource: Im Yunjidang and Kang Chŏngildang as two female neo-Confucian philosophers in Late Chosŏn. Women and Confucianism in Chosŏn Korea (2011).*

# John Pope Hennessy

## Mutig, und wenn nötig frech: Ein Reformer voller Widersprüche

Sir John Pope Hennessy (1834-1891) kam aus dem irischen Landadel. Er war ein katholischer Tory. Vor seiner Eheschließung mit einer Mestizin hatte er schon zwei uneheliche Kinder gezeugt. Kein Amt war ihm zu niedrig, um bestehende Verhältnisse auf den Kopf zu stellen. Sein Motto: „Mutig, mutig, mutig, und wenn nötig, frech."

Gäbe es eine Prädestination, sähe das Leben Hennessys zunächst danach aus, als ob ihm vorherbestimmt wäre, nichts zu werden. Seine Herkunft als Ire und Katholik stellte eine ernsthafte Barriere für einen Aufstieg dar. Er wurde zwar nach seinem Medizinstudium ins Londoner Parlament gewählt, doch sollte er dort ein Hinterbänkler bleiben. Sein einziger Erfolg: die Einführung der katholischen Gefängnisseelsorge. Als die Torys bei den Wahlen im Jahr 1865 scheiterten, verlor er Posten und Job. Aber er gewann einen Fürsprecher: Benjamin Disraeli.

*John Pope Hennessy (1834-1891)*

## Heiß, bankrott und voller Malaria

Und so war es: Als die Torys kurz darauf wieder in die Regierung kamen, wurde der junge Arzt mit einem Posten in Afrika belohnt: „Sie werden Gouverneur“ – soll Disraeli gesagt haben – „in einem gottverlassenen Ort, wo es heiß ist, die weiße Bevölkerung 40 Mann zählt und die Malaria-Moskitos das Sagen haben“. Zum Erstaunen aller, einschließlich Hennessys selber, waren seine ersten drei Posten in Labuan (Ostasien), Sierra Leone und Barbados von Erfolg gekrönt.

In allen drei Kolonien konnte er den allgemeinen Gesundheitszustand anheben. Vor allem aber führte er alle drei bankrotten Staatskassen ins Plus. Sein Credo: „Es gibt ziemlich nichts, was die Krone machen muss, wenn Private die Verantwortung über ihre Gemeinschaft tragen.“ Und in Erinnerung an eine parlamentarische Rede Disraelis stellte Hennessy in Barbados fest: „Freihandel ist nicht ein Prinzip, sondern eine Notwendigkeit.“

## Feucht, chaotisch und voller Chinesen

Im Jahr 1877 wurde er zum achten Gouverneur von Hongkong ernannt. In jener Zeit dachten London und die lokalen Eliten, das große Problem der Kolonie sei die konstante Zuwanderung von Chinesen. Hennessy erkannte, dass die Probleme ganz andere sind. Die sogenannte lokale Elite war eine kleine Gruppe ungebildeter Leute, die sich in einem plündernden Protektionismuskartell zusammentaten. Es galt, diesen Klüngel zu zerschlagen.

Zunächst öffnete Hennessy Hongkong dem Freihandel – auch mit China. Dann erlaubte er den Chinesen, eigene Handelsunternehmen und sogar Industrieunternehmen zu gründen. Das Kartell wollte Hongkong nur als Handelsort wissen, doch Hennessy wusste, das Innovationspotential der Chinesen liege in der Produktion von Gütern. Sir John öffnete den Immobilienmarkt für Chinesen und bestellte den ersten Chinesen in den Rat der lokalen Regierung, den liberalen Wu Tingfang oder Ng Choy.

**Hart, unbeliebt und voller Pläne**

Diese Maßnahmen machten den Gouverneur nicht zur beliebtesten Person unter den Weißen. Aufgrund seines katholischen Glaubens und der unehelichen Kinder wurde er sarkastisch „Seine Heiligkeit“ genannt. Doch Hennessy blieb hart. Er reformierte das Strafsystem und fuhr die Körperstrafen zurück. Denn er wollte nicht Krüppel produzieren, sondern Menschen reformieren und sie in den Arbeitsmarkt zurückführen. Einer seiner revolutionärsten Pläne war jedoch die Lancierung eines Systems von Ausbildungsdarlehen.

Alle Einwohner von Hongkong, ob Weiße, Chinesen oder andere, sollten die Möglichkeit haben, von der Regierung ein Darlehen für ihre eigene Schulbildung zu erhalten. Selbstverständlich musste das Darlehen zurückgezahlt werden. Und ebenso natürlich musste es mit Zinsen zurückkommen. Zum einen wollte Sir John damit das Kartell der Ungebildeten brechen. Zum anderen erkannte er: Innovation ist eine Funktion von Bildung. Und er glaubte an die Zukunft Hongkongs.

**Jung, glücklich und voller Widersprüche**

Diese Bildungsoffensive zusammen mit der Naturalisierung der Chinesen als britische Staatsbürger ging den lokalen Eliten zu weit. Sie waren froh, als Hennessy im Jahr 1883 nach Mauritius als dessen 15. Gouverneur weiterzog. Dort sollte er ähnliche Reformschritte einleiten, bis er 1889 zurück nach Irland verlegt wurde. Zwei Jahre später starb er, jung, glücklich und Vater von fünf Kindern.

Der Mann war voller Widersprüche: Irischer Nationalist und britischer Tory, katholischer Konservativer mit „sündhaftem" Lebenswandel, britischer Imperialist mit Sympathien für lokale Bevölkerungen. Was aber konstant blieb: Er glaubte, dass die Freiheit und die Verantwortung des Individuums stets die Antwort auf alle Probleme waren.

*Literatur*

*Lowe, Kate, und Eugene McLaughlin. Sir John Pope Hennessy and the „native race craze": Colonial government in Hong Kong, 1877–1882. The Journal of Imperial and Commonwealth History (1992).*

*Pope-Hennessy, John. Verandah: some episodes in the crown colonies: 1867-1889. London (1964).*

*Pope-Hennessy, John. Half-crown colony: a Hong Kong notebook. London (1969).*

# Wu Tingfang

## Der Geist Hongkongs: Freiheit statt Kaiser und Präsidenten

„Alles, was ich bin, und alles, was ich denke, verdanke ich Hongkong.“ Erstaunlich an dieser Liebeserklärung ist: Sie kommt von einem Chinesen – und aus einer Zeit, in der Chinesen in der Kronkolonie bestenfalls geduldet waren. Wu Tingfang (1842-1922) – auch: Ng Choy – fühlte sich aber nicht nur als Chinese, sondern vor allem als Hongkonger.

Es waren Zufälle, die den jungen Wu Tingfang nach Hongkong führten: Geboren wurde er in Malakka in einem sehr bescheidenen Haushalt. Als die Eltern nach Hongkong zogen, erhielt das Kind von einer privaten gemeinnützigen Gesellschaft die Möglichkeit, eine englischsprachige Schule zu besuchen. Und weil er als Jugendlicher Englisch und Chinesisch sprach, kam er als Dolmetscher zum Kolonialdienst.

Als solcher, das heißt als Diener, verkehrte er in den höheren Kreisen, wo er die Schwester des reichsten Mannes Hongkongs – Sir Kai Ho – kennenlernte und ehelichte. Damit öffneten sich die Türen, insbesondere für sein

*Wu Tingfang (1842-1922)*

Studium der Rechtswissenschaften in Großbritannien. Als die Ausbildung beendet war, wurde er zum anerkannten Rechtsanwalt in London, kehrte nach Hongkong zurück und übte dort die Tätigkeit eines Barristers aus. Er wurde zum ersten chinesischen Rechtsanwalt in der Kronkolonie.

**„Lasst die Chinesen in Ruhe"**

Sir John Pope Hennessy war ein ungewöhnlicher Gouverneur in Hongkong. Anders als die meisten Weißen glaubte er nicht, die Chinesen seien das Problem. Er meinte, die sogenannte Kolonialelite, das heißt die britischen Kaufleute, seien das eigentliche Hemmnis der Stadt am Löwenfels. Wu Tingfang glaubte das gleiche. Und beide freundeten sich an. Nicht nur das: Sie entwarfen einen Plan, der die ganze Zukunft Hongkongs prägen sollte.

In der Analyse beider bestand die lokale Elite aus einem Kartell der Ungebildeten, das nichts anderes wollte, als die alten Pfründe zu sichern. Echte Innovation hingegen kam von den Chinesen, die beispielsweise die Industrialisierung in die Kronkolonie brachten. Wu und Hennessy waren sich sicher: Man muss die Chinesen unbehelligt und dereguliert lassen, damit sie stark genug werden, um mit der angestammten Elite in den Wettbewerb zu treten. Dann werden die Briten und andere Europäer an der Bucht von Causeway schon reagieren und von selbst aufwachen.

Der Plan war also: Der Staat interveniert nicht in die Gesellschaft. Der Staat interveniert nicht in die Wirtschaft. Der Staat interveniert gar nicht. Außenbeziehungen, Sicherheit, Bildung und Hygiene. Das waren die Staatsaufgaben. Alles andere war keine Staatsaufgabe. Um seinen

Vertrauten im engsten Kreis zu haben, machte der Gouverneur Wu Tingfang zum ersten chinesischen Mitglied des „Legislative Council of Hong Kong“ im Jahr 1880.

Zwar ging der Plan in der kurzen Frist nicht auf. Mit der Wegbeorderung Sir Johns fehlte es an Willen, die lokale Elite herauszufordern. Aber als nach dem Zweiten Weltkrieg die Kronkolonie mit der eigenen Zukunft haderte, griff sie bewusst und erfolgreich auf das Konzept von Wu und Hennessy zurück. Und es waren die Chinesen, die den internen Wettbewerb voranbrachten.

**„Die USA sind für China das interessanteste Land“**

Die Zusammenarbeit mit Hennessy machte Wu bekannt – ausgerechnet in China. Die Qing-Dynastie holte den Anwalt nach Peking und machte ihn zum Diplomaten. Er vertrat den Kaiser in Peru, Spanien und den USA. Dort verfasste er das Buch „Amerika durch chinesische Brillen“. Darin kritisiert Wu zwar die kartellistischen Tendenzen lokaler Eliten vor allem in Neuengland. Doch er sieht sich bestätigt: Freie Gesellschaften und freie Märkte bringen Vorteile. Der Staat soll sich nur um Sicherheit und Rechtsdurchsetzung kümmern, während alles andere privat geregelt wird. Und vor allem: In den USA wird Wu zum Republikaner.

Zurück in China engagiert er sich gegen die Monarchie. Nach der Xinhai-Revolution wird er Justiz- und später Außenminister der jungen Republik. Sein wichtigstes Projekt war die Erarbeitung eines einzigen Strafgesetzbuchs und eines einzigen Privatrechtsbuchs für alle. Die Idee dahinter: Ob Mensch, Unternehmen oder Gruppe, alle sollten das gleiche Recht haben. Was einfach ist, kann von allen befolgt werden. Und: Wenn das Recht einfach ist, muss der Staat weniger intervenieren.

Als Sun Yat-sen – auch ein Hongkonger – die Bewegung zur Verteidigung der Verfassung lancierte, um die zunehmend diktatorische Beiyang-Regierung Pekings zwischen 1917 und 1922 zu kontern, stellte sich Wu an seine Seite. „Wir wollen keinen intervenierenden Staat und schon gar nicht ein intervenierendes Kartell", so seine Losung. Und als Sun später selber zum „außerordentlichen (das heißt außerordentlich mächtigen) Präsidenten" gekürt wurde, warnte Wu wieder. „Wir brauchen Freiheit, nicht Kaiser und Präsidenten."

In der heutigen Volksrepublik China wird Wu kaum erwähnt. In Taiwan auch nicht, denn er war kein Nationalist und schon gar kein Kuomintang-Mitglied. Und selbst in Hongkong ist das Andenken an diesen Chinesen nicht ausgeprägt. Das ist schade: Zweifellos war Wu eine Frucht Hongkongs. Doch das heutige Hongkong ist auch eine Frucht Wu Tingfangs.

*Literatur*

*Tingfang, Wu. America through the Spectacles of an Oriental Diplomat. New York (1914).*

*Pomerantz-Zhang, Linda. Wu Tingfang (1842-1922). Hongkong (1992).*

# Juan Bautista Alberdi

## Weltoffen und patriotisch: Liberaler Vater der argentinischen Verfassung

Juan Bautista Alberdi (1810-1884) rang lebenslang mit seinem Argentinien. Wie sollten das Land und die Bevölkerung prosperieren? Welches Zukunftsprojekt bringt die Nation zusammen? Kurz: Wie soll man das Land aufbauen? Was sich nach National-Kollektivismus anhört, war es nicht. Denn für Alberdi war es ebenso klar: Nicht der Staat steht im Zentrum, sondern das Individuum.

Wer Alberdis Gedankengänge verstehen will, darf die Geschichte Argentiniens im 19. Jahrhundert nicht vergessen. Kurz nach der Loslassung von Spanien im Jahr 1916 bildeten sich die Vereinigten Provinzen des Río de la Plata. Später, 1831, als sich Uruguay für unabhängig erklärte und andere Gebiete die Vereinigung verlassen hatten, wurde die Argentinische Konföderation gegründet. Erst nach dem Beitritt des bis dann unabhängigen Staates Buenos Aires wurde das Ganze zur Argentinischen Republik im Jahr 1861. So oder so: Das Gebilde war beherrscht von Tyrannenregierungen und ansonsten menschenleer.

Alberdi, der dem Bildungsbürgertum entstammte und ausgebildeter Jurist war, plagte eben die existentielle Frage: Warum sollte ein Staat unabhängig sein, wenn seine wenigen Bürgerinnen und Bürger von korrupten Zentralregierungen ausgenommen werden? Seine Antwort darauf bestand aus drei Punkten. Um das junge Argentinien und seine Bevölkerung zukunftsfähig zu machen, brauchte es mehr Bevölkerung, mehr Handel und mehr Individualverantwortung.

**Liberal und intellektuell**

Alberdi gehörte zur Generación del 37. Die Generation von 1837 war ein Zusammenschluss von Intellektuellen in der Region des Río de la Plata. Dabei hatte die Gruppe das Ziel, mit einem nicht idealisierenden Problembewusstsein eine Modernisierungsstrategie für die neu entstandene Republik zu schaffen. Innerhalb der Gruppe machte sich Alberdi für eine Verfassung stark. „Wenn wir der Regierung Macht geben, dann nur im Rahmen eines festen Regelwerks. Das Schlimme an der Tyrannei ist nicht ihre Härte, sondern ihre Willkür.“ Und selbst die Verfassung kann nicht alles, denn „keine Versammlung kann aus Verbrechen eine Tugend machen“.

Doch der später als Vater der argentinischen Verfassung bekannte Alberdi wollte nicht primär Staat, sondern Menschen. Er wollte Leute ins menschenleere Land bringen. Seine Lösung war der freie Personenverkehr mit Europa. Europäische Siedler sollten nach Argentinien gelockt werden. Freilich nicht mit Sozialstaat, kostenlosem Land oder Sondersteuersätzen, sondern mit dem wichtigsten Gut überhaupt. Mit der Freiheit.

### Handel und Friede

„Zölle sind ein Verbrechen an der Menschheit." Alberdi wollte einen möglichst freien Personenverkehr wollte. So trat er entschieden für die Abschaffung aller Zölle ein. Er warb sogar für die unilaterale Abschaffung aller Importzölle. Denn von Zöllen profitieren nur staatliche Stellen. Importzölle verteuern nicht nur die Güter, sie machen die lokale Produktion weniger wettbewerbsfähig, weniger produktiv und weniger innovativ. Alberdis Vision war eine lateinamerikanische Zollunion.

Damit aber der freie Handel gedeihen kann, braucht es Frieden. Zwar war Alberdi ein Pazifist. Doch die Wirklichkeit verschiedener Kriege in Lateinamerika zeigte ihm auch, dass der Friede bewaffnet sein muss. Sein Pazifismus akzeptierte sowohl eine (stehende) Armee als auch einen Verteidigungskrieg. Sein Pazifismus erlaubte sogar eine bewaffnete Polizei, die für die Regelbefolgung im demokratischen Rechtsstaat sorgte. Was er aber erkannte: Je mehr Freihandel, desto mehr Friede.

### Staatsmann und Oppositioneller

Alberdi wurde verschiedentlich für Staatsposten nominiert. Ob als Diplomat oder Präsidentenberater war er ein gefragter Mann. Auch als Staatsdiener hielt er fest: „Eine Gesellschaft, die ihre Glückseligkeit von der Hand einer Regierung erwartet, erwartet etwas Widernatürliches." In der raschen Regierungsabfolge Argentiniens kam es aber vor, dass er ins uruguayische oder chilenische Exil musste. Als „Präsident“ Rosas jegliche Form der Opposition verbieten wollte, verlautete Alberdis spitze Feder: „Wer denkt, jede Opposition sei Staatsverrat, ist in Wahrheit ein Despot.“

Alberdi war ein praktischer Liberaler. Als eine im Aufbauen eines neuen Staates engagierte Person sah er, wie der Liberalismus immer auch eine Abwägung ist. Abwägen musste er – intellektuell, praktisch und persönlich. Gerade deswegen ist er wohl der größte Liberale in der argentinischen Geschichte. Weniger optimistisch kann man ihn als den einzigen Liberalen am Río de la Plata bezeichnen.

*Literatur*

*Alberdi, Juan Bautista. Escritos póstumos. Buenos Aires (1897).*

*Iturrieta, Anibal und Eva García Román. Juan Bautista Alberdi. Buenos Aires (1946).*

# Helen Hughes

## Ein Leben lang links – schließlich liberal: Ein Besuch im Aborigines-Reservat änderte ihre Einstellung

Helen Hughes (1928-2013) war nicht nur ein bisschen links. Sie war zumindest zu Karrierebeginn marxistisch. Später plädierte sie als Professorin und Weltbankökonomin für mehr Sozialstaat, für Entwicklungshilfe und sogar für staatliche Preiskontrollen. Erst am Ende ihres Lebens, als sie die Armut der Aborigines in Australien sah, wechselte sie die Position. Nur Eigentumsreche, Individualverantwortung und freier Markt können den Aborigines helfen.

Geboren wurde Hughes in Tschechien. Ihre jüdische Familie emigrierte nach Australien, wo Helen ihre Ausbildung als Ökonomin machte und der Kommunistischen Partei beitrat. Als junge Frau ging sie nach Papua-Neuguinea, um Feldforschung zu betreiben, wo sie in Kontakt zur marxistischen Guerilla trat – etwas,

*Helen Hughes (1928-2013)*

das ihre Nachkommen bestreiten. Was sich aber nicht bestreiten lässt, sind ihre ersten wissenschaftlichen Publikationen. Dort fragt sie sich beispielsweise, warum Ökonomen so viel Wert auf individuelle Unternehmer legen – sie meinte, das sei falsch. Oder ob Mindestlöhne nicht alle Armutsprobleme lösen würden – sie meinte, ja.

**Für den Staat und den Suprastaat**

Als Professorin an der Australian National University schrieb sie positiv zur Industriepolitik und zur Umverteilungswirkung von Steuern. Als Weltbank-Ökonomin durfte sie beides nicht mehr uneingeschränkt positiv sehen. Doch sie bemühte sich, länderübergreifende industriepolitische Absprachen – zum Beispiel die Europäische Union oder die südostasiatische Vereinigung ASEAN – im besten Lichte darzustellen. Auch internationale Umverteilung stand bei ihr auf der Agenda, zum Beispiel mit dem Aufruf, Industrieländer sollten die Schuld der Dritten Welt (damals durfte man das noch sagen) erlassen.

Helen war auch in der späteren Phase ihrer Karriere nicht sonderlich staatskritisch. Zurück als Professorin in Australien unterstützte sie den Ausbau ziemlich aller Regulierungsbereiche mit wissenschaftlichen Expertisen und öffentlichen Auftritten. Sie trat sogar für die Schaffung von Sonderzonen – „Homelands“, etwa so wie die US-amerikanischen Reservate – für Aborigines ein. Bis sie dann selbst eine besuchte.

**Für die Aborigines und die Individuen**

Es war in den 1990er Jahren, dass sie anfing, sich die Sache der Aborigines besonders anzuschauen. Dabei fiel es ihr wie Schuppen von den Augen: Die Schaffung von Sonderzonen für Aborigines, wie die Linke sie in Australien immer wieder einforderte, ist nichts als Apartheid. In diesen Reservaten, wo alles dem Aborigine-Kollektiv gehört, haben die einzelnen keine Entscheidungsfreiheit. Sie haben ebenso wenig Zugang zu den üblichen Austauschprozessen der Gesellschaft.

Hughes erkannte es: Ohne Privateigentum und Individualverantwortung – und erst recht ohne Marktzugang – waren die Aborigines zur Armut verdammt. Und zu fortdauernder Existenzkrise. So musste sie am Ende ihrer wissenschaftlichen Karriere eingestehen: „Es ist das Individuum, das zählt. Kollektive werden es nie richten." Ihre beißende Kritik an der diskriminierenden Reservate-Politik und an der kollektivistischen Führung dieser Sonderzonen veröffentlichte sie 2007 im Buch „Lands of Shame".

**Für freie Märkte und freie Preisbildung**

Ihre Erkenntnisse im Umgang mit den Aborigines führten Hughes zum Liberalismus. Und so wechselte sie ihre Zugehörigkeit zum Centre for Independent Studies (CIS), einem wirtschaftsliberalen Thinktank in Australien. Von da an wurde sie zur öffentlichen Stimme individueller Freiheiten, freier Märkte und freier Preisbildung. Insbesondere kritisierte sie das australische Gesundheitssystem – „was gratis ist, kann nicht gut sein" – und die obligatorische Schulbildung – „wo Leistung keine Rolle spielt".

Natürlich kam sie auch mit Lösungen. In den verschiedenen Artikeln, die sie für das CIS schrieb, legte sie ihre Vorschläge für verschiedene Politikbereiche dar: in Schulen Leistung belohnen; individuelle Ersparnisse für Krankheit anregen und alle öffentlichen Krankenhäuser privatisieren. Das Land der Aborigines verkaufen, Marktregulierungen abbauen, Zölle abschaffen.

**Für Freiheit und Menschen**

Viele Leute, die sie persönlich kannten, erinnern sich an Helen Hughes als offene, intelligente und selbstkritische Person. Ihre Doktoranden mussten bei ihr wohnen, um sich besser konzentrieren zu können. Regelmäßig lud sie ganze Studenten-Jahrgänge der Universität zu sich für einen Grillnachmittag ein. Sie scheute sich nicht, administrative Aufgaben in der Univerwaltung wahrzunehmen. Sie wirkte als Mensch.

In einer Fernsehdebatte – als sie schon eine Liberale war – warf ihr ein ehemaliger Kommunisten-Genosse vor: „Helen, du vertraust den Märkten blind.“ Sie antwortete: „Nein, ich vertraue der menschlichen Intelligenz.“

*Literatur*
*Hughes, Helen. Lands of shame. St Leonards (2007).*
*Hughes, Helen. Aid has failed the Pacific. Adelaide (2003).*

# Faustí Ballvé

## Freiheit ist wie Brot und Butter: Die Begegnung mit Mises änderte sein Leben

Faustí Ballvé i Pallisé (1888-1958) war in Spanien ein bereits etablierter Politiker, als er in Mexiko ankam. Im katalanischen Barcelona prägte er die Linke. Im mexikanischen Exil mutierte er zum Liberalen – zum eigentlichen Mises-Jünger. Und dies in einem Land, wo sich Utopien und Autoritarismen bekämpften.

Faustí wurde in Barcelona zum Rechtsanwalt ausgebildet. In London lernte er Ökonomie. In der Zeit der spanischen Republik führte er die bürgerliche Linke in Katalonien und im nationalen Parlament an. Später gründete er die Republikanische Linke, die Vorläuferpartei der heutigen Independentisten. Sein Programm basierte auf Föderalismus, Besteuerung des Kapitals und Einführung von Arbeiterräten. Doch es kam anders: Die Nationalkonservativen unter Franco siegten im Bürgerkrieg. Ballvé ging ins Exil nach Mexiko im Jahr 1935.

## Begegnung mit Mises

Während sich die meisten spanischen Republikaner in Mexiko vollends sozialistisch radikalisierten, geschah das Umgekehrte bei Faustino – so sein Name auf Spanisch. In den Jahren 1942 und 1946 besuchte der Ökonom Ludwig von Mises Mexiko. Er scheute sich nicht, die Probleme des Landes beim Namen zu nennen: zu viel Staat, zu viel Protektionismus, zu viel Staatsplanung. Faustino befand sich unter seinen Zuhörern. Die Begegnung mit Mises änderte seine Sicht der Dinge – ja sogar sein Leben.

Ballvé blieb nicht nur im regen Kontakt zu Mises, sondern schrieb auch die Bücher „Freiheit und Ökonomie“ und „Ökonomie in zehn Lektionen“. Die Einleitung zu Letzterem ist universell gültig: „Ökonomie ist sehr einfach. So einfach wie Brot und Butter. Man soll dem anbietenden und nachfragenden Individuum so viel Freiheit wie möglich geben.“

Die zehn Lektionen sind ebenfalls einfach aufgebaut: Worum geht es in der Ökonomie (Antwort: Um die Handlungsfreiheit der Individuen)? Was ist der Markt? Die Rolle des Unternehmers. Kapital, Arbeit und Löhne. Geld und Kredit. Monopole, Krisen und Arbeitslosigkeit. Internationaler Handel. Nationalismus und Sozialismus. Planwirtschaft. Worum geht es nicht in der Ökonomie (Antwort: Um die Planung der Wirtschaft, Rentenabschöpfung oder falsch verstandenen Patriotismus)?

## Einfache Strukturen

Das Buch blieb lange die einzige lateinamerikanische Einleitung in die Ökonomie, die sich an der Freiheit orientiert. Deshalb war es auch so erfolgreich. In möglichst einfacher Sprache legte Faustino wirtschaftliche Zusammenhänge dar. Zum Beispiel: „Es ist unmöglich, auch nur ein Beispiel für ein Monopol zu finden, das ohne staatlichen Schutz existiert hat." Oder: „Freier Handel ist der Handel ohne Zölle oder anderweitige Barrieren. Niemand hat noch nicht vom freien Handel profitiert."

In einem Mexiko, in dem politische Versprechen vor allem die Verteilung ökonomischer Güter betrafen, stellte Ballvé klar: „Für alle Anbieter und Nachfrager – unabhängig von ihrer Klasse, ihrem Stand oder ihrer Kaufkraft – ist der freie Markt der höchste Ausdruck der Souveränität des Volkes. Und er ist, solange er frei ist, die beste Garantie für Demokratie."

Faustino scheute sich nicht, weit verbreitete Fehler zu widerlegen. So warnte er vor dem ökonomischen Nationalismus, vor einer tarifären Zollpolitik oder vor der staatlichen Blockbildung. Mexikos Verbindung zu Staaten wie Indien und Jugoslawien fand er sehr problematisch: „Statt sich an jenen Ländern zu orientieren, in denen Leute gesund leben, bis sie 80-jährig sind, freunden wir uns mit Staaten an, in denen die Kindersterblichkeit zunimmt."

**Der Akademiker als Warner**

Anders als in Spanien verzichtete Faustino darauf, in Mexiko zu politisieren. Er wurde Professor für Volkswirtschaftslehre am mexikanischen Technologie-Institut (ITM) und Professor für Jurisprudenz an der Autonomen Universität Mexikos (UNAM). Doch der Hochschullehrer blieb nicht im Elfenbeinturm stecken. Er sah es als seine

Rolle, Öffentlichkeitsarbeit für freie Märkte und für den Rechtsstaat zu machen.

Das war fordernd genug. Denn Mexiko – so wie praktisch alle lateinamerikanischen Länder – befand sich auf dem Pfad der Sozialnationalisierung. Autoritäre Regime ergriffen die Macht und setzten ein sozialistisches Umverteilungsprogramm mit Klientelwirtschaft um: Betriebe wurden verstaatlicht, Staatsunternehmen wurden gegründet, Menschen wurden enteignet. Vor allem: Die Masse blieb rechtlos und arm.

Ballvé blieb die oppositionelle Stimme. Er hatte weder Sympathien für Macht noch für Nationalismen jeglicher Couleur. Seine Verpflichtung galt der Freiheit. Und den freien Märkten.

*Literatur*

*Avilés Farré, Juan. La izquierda burguesa en la II República. Madrid (1985).*

*Ballvé, Faustino. Fundamentos de la ciencia económica. Mexiko (1984).*

# Vera Smith Lutz

## Hausfrau, Ökonomin, Freigeist: Die Hayek-Schülerin fürchtete den Gestaltungsspielraum der Politik

Friedrich Lutz. Dieser deutsche Ökonom leitete das Schweizerische Institut für Auslandsforschung. Er war Berater des (deutschen) Bundesministeriums für Wirtschaft. Er war Gründer und späterer Präsident der Mont Pelerin Society. Also: Ein bekannter Ökonom von Weltruf. Als er an die Universität Princeton berufen wurde, erkundigte er sich, ob seine Frau dort auch lehren konnte. Die Antwort: Sie durfte nicht einmal das Universitätsgebäude betreten.

Vera Smith Lutz (1912-1976) war nicht irgendjemand. Sie war eine direkte Schülerin von Friedrich August von Hayek in der London School of Economics. Bei ihm erarbeitete sie eine Dissertation im Jahr 1936: „The rationale of central banking“. Mit diesem Werk lieferte sie der modernen „Free Banking“-Bewegung ihre wissenschaftliche Grundlage.

**Freie Banken kontra Zentralbanken**

„Free Banking“ sieht Banken als ganz normale Unternehmen an. Und wie andere Unternehmen sollen sie lediglich den üblichen Vertragsregelungen unterliegen. Also: keine „Bailouts“, Mindestsicherungen oder garantierte Sparguthaben. Vera zeigte, wie eine solche Ordnung nicht nur effizienter als die granulare Bankenregulierung ist. Sie ist auch viel besser geeignet, die Risiken eines jeden Geldsystems zu verteilen und abzudämpfen.

Eine Konsequenz dieser Sicht ist, jede Bank sei für ihr eigenes Geld zuständig. Der Wettbewerb unter den Banken sei auch einer unter den jeweiligen Bankwährungen. Wie bei den anderen Geschäftszweigen würde das Zusammenspiel der Akteure im Marktprozess entscheiden, was eine gute, zuverlässige Bank und was ein risikoreiches Institut ist.

Eine zweite Konsequenz dieser Sicht ist: Es braucht keine Zentralbank. Das ist nach Vera Lutz ein wichtiger Schritt in Richtung Effizienz. Denn sie zeigt auf, wie Zentralbanken unabhängig von allen Unabhängigkeitsbekundungen vor allem politische Akteure sind. Zentralbanken sind zunächst um das Wohl des Staates bekümmert. Ihre Gewinne werden vom Staat privatisiert, ihre Verluste werden dem Volk überwälzt.

## Wissenschaft kontra Diskriminierung

Ihr Zugang zu Princeton wurde nicht wegen des „Free Banking“ untersagt. Als Frau hatte sie da nichts zu wollen, so die damalige Befindlichkeit. Als Schülerin eines sehr obskuren Ökonomen aus Wien und London, Hayek, auch nicht. Dabei war sie kein Leichtgewicht. Denn vor Princeton arbeitete sie als Wissenschaftlerin und für den Völkerbund. Ihre Antwort? Sie setzte ihre wissenschaftliche Karriere fort – außerhalb staatlicher Universitäten.

Nach dem Ende des Zweiten Weltkriegs zog das Ehepaar nach Zürich. Für Vera war es selbstverständlich, weiterhin am akademischen Leben teilzuhaben. Zusammen mit ihrem Ehemann schrieb sie Bücher wie „Monetary and Foreign Exchange Policy in Italy“ (1950) und „The Theory of Investment of the Firm“ (1951). Sie übersetzte auch die Werke Röpkes und anderer ins Englische.

Doch vor allem ihre eigenen Arbeiten sind bemerkenswert. In „Italy, a Study in Economic Development“ (1962) identifizierte sie die italienische Wirtschaftspolitik als schlicht realitätsfremd. Großer Sozialstaat und große Bürokratie führen entweder in den Kommunismus oder ins Chaos, so Lutz. In „Central Planning for the Market Economy: An Analysis of the French Theory and Experience“ (1969) stellt sie klipp und klar fest: „Es gibt nichts, was wir von Frankreich lernen können.“

## Abwägung kontra Extremismus

Als Fremde in Zürich traute sich Vera Lutz sogar, zur Einwanderung ausländischer Arbeitskräfte in die Schweiz zu schreiben. Anfangs stand sie der ungebremsten Zuwanderung sehr offen gegenüber. Natürlich. Welche Ökonomin wünscht sich nicht den freien Verkehr von Produktionsfaktoren? Dann erkannte sie ein Problem. Je größer die Nominallohnunterschiede (!) zwischen den angestammten und den zugewanderten Arbeitskräften sind, desto mehr Druck entsteht auf politischer Ebene.

Für Vera Lutz war es dabei unerheblich, ob sich dieser Druck in Fremdenfeindlichkeit oder in Tarifverträgen (in der Schweiz heißen sie Gesamtarbeitsverträge) manifestierte. Sie erkannte in allen Formen des politischen Drucks massive Marktverzerrungen. Also stand sie vor der Frage: Marktverzerrung durch restriktive Zuwanderung oder Marktverzerrung durch politische Antworten auf die Zuwanderung? Sie meinte, die Transaktionskosten einer restriktiven Zuwanderung seien tiefer und rechtssicherer als die Kosten des politischen Drucks. Doch sie stellte auch fest: „Wissen kann ich das nicht. Aber ich fürchte um das Schlimmste, wenn man der Politik zu viel Gestaltungsspielraum gibt."

Schlechte Bankenregulierung, fehgeleitete Industriepolitik und Verzerrungen des Arbeitsmarktes: Alle Probleme, denen sich Vera Smith Lutz widmete, sind von ungebrochener Aktualität. Auch ihre Antwort ist es: „Man muss die Logik der Freiheit finden – und abwägen."

*Literatur*

*Smith, Vera Constance. The rationale of central banking and the free banking alternative. New York (1990).*

*Smith Lutz, Vera. Italy. A study in economic development. Zürich (1962).*

*Veit-Bachmann, Verena. Friedrich A. Lutz: Leben und Werk. Tübingen (2003).*

# Kijuro Shidehara

## Pazifist unter Säbelrasslern: Die Gesellschaft soll nicht über Individuen herrschen

Zur gleichen Zeit, als das Verding- und Straßenkind Fumiko Kaneko wegen ihrer Korea-Sympathie und ihres Pazifismus zum Tode verurteilt wurde, „regierte“ Kijuro Shidehara. „Regieren“ ist wohl übertrieben. Eher: Seine Kollegen in Parlament und Kabinett duldeten den Anti-Kollektivisten und Pazifisten als Minister und Premierminister.

Kijuro Shidehara (1872-1951) wurde in einer reichen und adligen Familie geboren. Er studierte Jurisprudenz, wurde zum Staatsdiener im Außenministerium und später zum Politiker. Wegen seiner Leistungen wurde er sogar in den höheren Adel als Danshaku (etwa Baron) erhoben. Eine Ehe in die Iwasaki-Familie, die Gründerin des Mitsubishi-Konzerns, sicherte ihn materiell ab. Alles deutete darauf hin, dass Shidehara dem japanischen Mainstream angehören würde.

**Eigensinnig**

Doch er hatte andere Ideen. Als Konsul in Korea kam er zur Überzeugung, die japanische Kolonisierung jenes

*Kijuro Shidehara (1872-1951)*

Landes, wie jede Form der Kolonisierung, sei brutal und falsch gewesen. Als Botschafter in den Vereinigten Staaten verhandelte er die Rückgabe der Provinz Shandong an China. Japanische Medien und Militärs bezeichneten diesen Schritt als Landesverrat. Doch Shidehara war sich sicher: Die Unterdrückung von Menschen ist falsch, egal ob die Menschen die eigene oder eine andere Staatsangehörigkeit haben.

Als Shidehara im Jahr 1924 Außenminister wurde, kritisierte er oft und offen – in Japan ein Tabubruch – die Regierung, der er angehörte: „Militarisierung führt in den Krieg. Und Krieg führt zum Tod. Wir wollen unsere Jungen nur dann in den Krieg führen, wenn wir uns verteidigen. Nicht aber, um andere zu töten." Shidehara sah in der zunehmenden Militarisierung Japans noch eine andere Gefahr: „Wenn eine Gesellschaft alles dem Militärischen unterordnet, verliert der einzelne Mensch an Wert."

**Eigenwillig**

Als Außenminister und interimistischer Premierminister war Shidehara dafür bekannt, ohne Kabinettsbeschlüsse zu handeln. Er senkte eigenhändig Import-Schutzzölle, gab den Kolonien mehr Selbstbestimmung und weigerte sich, in den chinesischen Bürgerkrieg zu intervenieren. Doch diese Handlungen führten zu Gegenreaktionen.

Immer mehr agierte auch das japanische Militär ohne Kabinettsbeschluss. Sehr oft sogar in direkter Konfrontation mit Shidehara. Im Jahr 1931 okkupierte eine japanische Teilstreitkraft die Mandschurei im Nordosten Chinas – ohne vorher den Premierminister Shidehara überhaupt zu informieren. Das setzte seiner politischen Karriere ein Ende – vorerst. Er verblieb im Oberhaus des Parlaments, auch wenn er bis zum Ende des Zweiten Weltkriegs eher zurückhaltend blieb.

### Eigenständig

Nach Japans Kapitulation kam die Stunde Shideharas. Er wurde erneut zum interimistischen Premierminister. Zusammen mit den alliierten Siegern und anderen japanischen Politikern entwarf er eine Verfassung, die sich zum ökonomischen Liberalismus bekannte, die dem Individuum Rechte gab und die den Pazifismus als Staatszweck verankerte. Shidehara war sichtlich stolz, als er bei seinem Amtsantritt verkündete: „Nie wieder soll die Gesellschaft über Individuen herrschen."

Shidehara sah in verschiedenen Formen des Kollektivismus das immer gleiche menschenfeindliche Prinzip am Werk: die Unterordnung von einzelnen Menschen unter das Diktat der Allgemeinheit. Doch wer war die Allgemeinheit? „Letztlich diktiert eine kleine Gruppe von Menschen das, was die Werte der Gesellschaft sind. Meist sind es ihre Werte oder, noch schlimmer, ihre Herrschaftsziele." Und so wurde er, als er seine Wiederwahl verpasste und „nur" Parlamentssprecher wurde, nicht müde, vor der Beteiligung der Sozialisten an der Regierung zu warnen.

### Eigenartig

Der Liberalismus war nie Mainstream in Japan. Wenn es schon Liberale gab, dann widmeten sie sich meist der Wirtschaftspolitik. Shidehara war ein Sonderfall. Er, der perfekt Englisch sprach, las die Werke von Smith, Mill, Burke und anderen. Er verstand, dass Liberalismus nicht einfach Wirtschaftsfreiheit ist, sondern die Freiheit des Individuums insgesamt in den Mittelpunkt stellt.

„Eine Welt ohne Krieg ist eine Welt der verantwortungsvollen Individuen", sagte er einst in Washington, D.C. Mit seinen liberalen Ansätzen war Shidehara eine Ausnahmeerscheinung in Japan. Nicht nur eigenartig, sondern auch einzigartig.

*Literatur*

*Klaus Schlichtmann. Shidehara Kijuro: Staatsmann und Pazifist – eine politische Biographie. Hamburg (2001).*

# Abu Hanifa

## Islam, Markt und Freiheit: Heute im Islam auf dem absteigenden Ast

Der Islam ist eine Religion von Kaufleuten. „Gegründet“ von einem Kaufmann. Übertragen auf Marktplätzen. Rezipiert in Karawanen. Nicht überraschend verbreitete sich der Islam von Marokko bis nach Indonesien. Wo auch immer moslemische Kaufleute Handel betrieben. Dort war der Islam mit ihnen. Und sie betrieben Handel überall.

Freilich: Der Islam kennt auch ein kämpfendes und unterordnendes Narrativ. Dieses ist zeitgenössisch sehr präsent. Aber es gibt eben auch die andere Sicht. Und selbst, wenn der er heute nicht so scheint, ist es lehrreich, diesem «anderen» Islam zu begegnen.

Anhaltspunkte für einen offenen-kaufmännischen Islam gibt es schon. Denn: Grundsätze einer jeder Marktwirtschaft sind im Islam vorhanden. Respekt vor Privateigentum ist genauso wichtig wie die Aufforderung an den Einzelnen, das eigene Vermögen zu schätzen und zu mehren. Schließlich ist auch dieses ein Geschenk Gottes. Und selbst in der Theorie des Heiligen Krieges gilt der Kaufmann, der ehrlichen Gewinn macht, als Heiliger Krieger. Er setzt die ihm von Gott gegebenen Talente richtig ein.

**Hanafiten**

Einer der wichtigsten Gelehrten im frühen Islam war ein Händler, Abu Hanifa (699-767) – eigentlich: Nuʿmān ibn Thābit ibn Zūṭā ibn Marzubān. Im sunnitischen Islam entwickelte sich aus der Lehre des Abu Hanifa und seiner Schüler Abu Yusuf und asch-Schaibani eine der vier wichtigen juristisch-theologischen Denkschulen, der Hanafismus oder die Hanafiten.

Wie in den anderen sunnitischen juristisch-theologischen Denkschulen kommt dem Analogieschluss bei den Hanafiten eine wichtige Stellung zu. Doch Abu Hanifa führte zwei weitere Prinzipien ein. Die persönliche Meinung und die Wohlfahrtsmaxime. Persönliche Meinungen waren in seinen Augen genauso valide wie die Analogien, wenn es darum ging, den Koran zu interpretieren. Schließlich sind, wenn Gott die Menschen als vernünftige Wesen schuf, diese Menschen berufen, ihre Vernunft einzusetzen. Und ihre Vernunft ist dann selber eine Verwirklichung von Gottes Wille.

Natürlich brauchte Abu Hanifa keine Ausdrucksweise im Stil einer „Wohlfahrtsmaxime“, doch was er meinte, war: Wenn das Religionsgesetz streng ausgelegt wird, kann es so streng sein, dass Leute sich vom Sinn des Gesetzes abkehren. In diesen Fällen sollen beispielsweise harte Strafen in mildere umgewandelt werden, damit die Menschen weiterhin den Sinn und nicht nur die Buchstaben des Gesetzes einhalten. Schließlich ist auch Gott ein barmherziger, und diese Barmherzigkeit ist sein Geschenk an die Menschen.

**Praktisches Interesse**

Ein Gebiet war für Abu Hanifa besonders wichtig: die freie Wirtschaft. Er meinte, die Wirtschaft regle sich selbst und demzufolge müsse sie keinem Religionsgesetz unterstellt werden. Oder auch: Wenn die menschlichen und sozialen Handlungen durch die Güte Gottes, die Religion und das Religionsgesetz geleitet werden, dann ist es nicht notwendig, zusätzliche Regeln für den wirtschaftlichen Austausch zu erlassen. Wirtschaft ist einfach ein Aspekt des menschlichen Lebens.

In vielen konkreten Fragen zeigte Abu Hanifa, wie seine marktliberalen Überzeugungen Lösungen bereitstellten. Darf ein Marktaufseher den Wein eines Nicht-Moslems konfiszieren? Nein, der Wein ist Privateigentum, und der Nicht-Moslem untersteht nicht den Religionsgesetzen. Darf man den Wein eines Moslems konfiszieren? Auch nicht, denn auch das ist Privateigentum. Das Religionsgesetz verbietet den Konsum, nicht aber den Handel mit Wein.

Seine Überzeugung für die freie Marktwirtschaft führte ihn zur Kritik der Waqfs, der gemeinnützigen „frommen“ Stiftungen. Weil er meinte, alles Eigentum sei notwendigerweise privat, dachte er, dass Gemeinschaftseigentum – und das sind Stiftungen aus der Definition – eine Pervertierung der Eigentumsidee ist. Gemeinschaftseigentum führe zu ineffizienter Ressourcenallokation und verantwortungslosem Handeln, so seine Überzeugung. Beides sind die eigentlichen Sünden in den Augen Gottes.

**Wichtig – aber in Ungnade gefallen**

Die Lehren des Abu Hanifa sollten sich schnell durchsetzen. Wohin auch immer muslimische Händler gingen, nahmen sie ihre Religion und oft seine Lehre mit sich. Schnell wurde die Seidenstraße zum Austauschort von Hanafiten-Lösungen für Handelsfragen. Und zumindest zu Beginn der Spaltung waren auch Schia-Moslems bereit, die (markt-) liberale Logik zu übernehmen. Die Hanafiten-Denkschule wurde sogar zur Mehrheitsmeinung im Islam; das Osmanische Reich bekannte sich bis zuletzt zu ihr.

Das nützte Abu Hanifa aber nichts. Er wurde eingesperrt und verstarb im Gefängnis. Die Beachtung kam eher nach seinem Tod. Und heute ist sie auf dem absteigenden Ast. Auch wenn die Figur des Abu Hanifa immer noch hochgeachtet wird, gilt seine Lehre heute schon eher als heterodox. Die Orthodoxie in den wichtigen Zentren des Islam – Saudi-Arabien, Marokko, Iran – hat sich anderen Denkschulen verpflichtet. Trotzdem bilden die Hanafiten heute noch in Ägypten oder in der Türkei die Mehrheit.

Abu Hanifa und seine Schüler nahmen es ernst mit der Religion. Und sie nahmen es ernst mit der Wirtschaftsfreiheit. Für sie waren beides nichts anderes als die Ableitung des Willens Gottes. Eines Gottes, der die Menschen mit Freiheit und Vernunft ausstattete.

*Literatur*

*Madelung, Wilferd. Religious schools and sects in medieval Islam. Cambridge (1985).*

*Melchert, Christopher. How Hanafism Came to Originate in Kufa and Traditionalism in Medina. Islamic Law and Society (1999).*

*Tsafrir, Nurit. The History of an Islamic school of law: the early spread of Hanafism. Cambridge (2004).*

# Pak Kyong-ni

## Die Würde des Individuums: Menschen sollen jenseits von Strukturen denken

Die Handlungen des Menschen sind durch seine Gesellschaftsrollen bestimmt. Der Prinz hat Pflichten gegenüber dem König. Die Tochter hat Pflichten gegenüber der Mutter. Diese Pflichten sind nicht verhandelbar. So die langjährige Auffassung des koreanischen Konfuzianismus. Dann kam eine Literatin. Und die behauptete das pure Gegenteil. Das einzelne Individuum ist frei, zu handeln; trägt aber die Verantwortung dafür.

Was einem nicht besonders neu erscheint, war im Südkorea nach dem Zweiten Weltkrieg ein Tabubruch. Pak Kyong-ni (1926-2008) war seine Urheberin. In verschiedenen Romanen, Romanzyklen und Erzählungen schilderte sie, wie Individuen jenseits der Rolle ihres Glückes Schmied sind. Im wörtlichen Sinne.

### Menschen ohne Rolle

Denn Pak selbst konnte nie eine Rolle spielen. Sie war Tochter einer alleinerziehenden Mutter, verlor ihren Ehemann und ein Kind, später auch noch den überlebenden Sohn. Sie musste Krebs besiegen und als Frau für sich selbst aufkommen. Später auch noch für ihre Mutter. Pak konnte keine traditionelle konfuzianische Rolle spielen. Aber sie sah, dass sie nicht alleine war. Das Kriegs- und Nachkriegskorea war nicht mit den frommen Familien der Oden und Riten bevölkert, sondern mit Individuen in Existenzkrisen.

„Wäre ich glücklich gewesen, hätte ich nie zu schreiben angefangen." Pak machte das menschliche Glück und Unglück zum Objekt ihrer Schriftstellerei. Sie fand heraus, dass Menschen sich selbst mit ihrem Leben auseinandersetzen müssen. Menschen müssen sich auf sich selbst und nicht auf eine Rolle, auf eine Tradition oder auf die Gesellschaft verlassen.

**Menschen mit Würde**

Die Würde des Individuums wurde zum Hauptthema von Paks Romanen. Im Zyklus „Toji" („Das Land"), der aus 16 Büchern besteht und an dem sie während 25 Jahren arbeitete, wird das Motiv am besten umgesetzt. Über 100 Charaktere bestehen im kolonialen, post-kolonialen, Kriegs- und Aufbaukorea. Die zwei wichtigsten Protagonisten, Kim und Choi, sind deswegen „Helden", weil sie ihre Menschenwürde in verschiedenen Situationen bewahren und stärken.

Pak ist nämlich sehr kritisch gegenüber allen Menschen, die ihre Würde für kurzzeitige Genüsse oder Ambitionen opfern. Sie zeigt, dass, wenn Menschen ihre Würde behalten, sie letztlich auch ihr Leben meistern. Pak geht natürlich auch unbarmherzig mit allen Systemen um, die

die Menschenwürde missachten, sei es die konfuzianische Tradition, die japanische Unterdrückung oder Militärdiktaturen.

**Länder mit Menschen**

Die Würde des Individuums war Pak so wichtig, dass sie sich nicht als Koreanerin verstand. Ihrer Meinung nach waren Staaten mehr oder weniger zufällige Organisationen. Wenn alle Menschen Würde haben, sind sie alle gleich. Also gehören sie primär zur Welt und nicht zu einem Land. „Ohne Menschen gäbe es keine Länder, aber es gibt Menschen, ohne dass es Länder gibt."

Wegen dieser Äußerungen und ihrer Tabubrüche wurde Pak vom offiziellen Korea lange misstraut. Ihr Ehemann wurde als angeblicher Kommunist inhaftiert; ihr Sohn auch. Sie selbst wurde beschattet und befragt, aber nie gelang es, ihr kommunistische Verbindungen nachzuweisen. Kein Wunder, denn sie lehnte den Kommunismus ab. Ihrer Meinung nach war er ein entwürdigendes System.

**Freiheit für Menschen**

Aber genauso skeptisch war sie gegenüber dem südkoreanischen Militär- und Traditionsnationalismus eingestellt. Auch den Kapitalismus lehnte sie ab. Warum? „Menschen sollen jenseits von Strukturen denken. Menschen müssen ihre Freiheit wahrnehmen." Für Pak war jedes System höchstens eine Hilfe, meist aber eine Barriere für die Verwirklichung der menschlichen Existenz.

Pak stellte das Individuum in den Mittelpunkt und löste so ein Umdenken in Korea aus. Sie schätzte Freiheit.

Und sie schätzte Würde. Und mittlerweile wird sie in Korea geschätzt.

*Literatur*

*Cho, Y. A. Study of Space in Pak Kyong-ni's novel „Toji". Seoul (2003).*

*Pak, Kyong-ni. Toji. Seoul (1998).*

# Anna Woolf

## Aufrichtig und authentisch: Der Liberalismus ist keine elitäre Angelegenheit

„Wer aufrichtig handelt, braucht keine Regeln." Das ist kontraintuitiv. Doch die Auflösung ist einfach: Aufrichtigkeit ist eine Tugend, oder moderner formuliert, eine Charakterstärke. Sie gründet in individueller Verantwortung. Und verantwortlich kann man nur sein, wenn man frei ist. Anna Woolf (1968-2009), von der das Zitat stammt, erkannte das – und propagierte es.

Woolf war keine Politikerin, Philosophin, Literatin oder Geschäftsfrau. Sie war eine Bloggerin. Sie hatte einen „durchschnittlichen" Job, ließ sich aber nie mit dem Durchschnitt zufriedengeben. Gerade als selbständig denkende Frau im digitalen Zeitalter machte sie es sich zur Aufgabe, andere Leute für Freiheit und Aufrichtigkeit zu begeistern.

**Die Blogosphäre entdeckt**

„Annie Fox!" – so nannte sie ihren Blog. Drei Losungen leiteten ihre Gedanken: „Es ist mir egal, ob du meinen Namen kennst – das ist mein Blog." – „Die schlimmste Form der Schuld ist die unverdiente Schuld (aus Ayn Rands ‚Atlas Shrugged'').“ – „Wenn die Regierung ein Produkt wäre, müsste man seinen Verkauf verbieten.“

Das Sammelsurium zeigt: Es ist nicht eine philosophische Absicht, die hinter Woolfs Blog stand, sondern die Meinung, es lohne sich, für Freiheit einzustehen. Ob diese Freiheit anarchisch, objektivistisch, individualistisch oder tugendethisch begründet wird, ist sekundär. Und so vertrat Anna verschiedene Ansichten, die sich zwar nicht widersprechen, aber nicht „klassischerweise“ zusammengehören.

Sie war gegen einen ausufernden Staat, insbesondere gegen Militär und Polizei, glaubte aber an freiwillige Vergesellschaftung. Sie setzte sich für den Individualismus ein, glaubte aber auch an Gruppen. Sie meinte sogar, Gruppen hätten moralische Aufgaben zu erfüllen, beispielsweise in der Krankenpflege. Drogen wollte sie legalisieren. Staatsunternehmen wollte sie verbieten.

**Dem Krebs unterlegen**

Doch in ihrem Blog stand noch etwas anderes im Vordergrund: ihr Hirnkrebs (Non-Hodgkin-Lymphom). Für Woolf war es natürlich, sich über Freiheit und Verantwortung zu äußern. Aber sie entschied sich auch dafür, einen Einblick in ihre Krankheit zu geben. Sie diskutierte praktische Fragen – Chemotherapie; bucket list; Haarausfall – genauso wie lebenswichtige Entscheidungen – ethische Grenzen der Medizin; wie das kranke Individuum von den anderen abhängig ist.

Die Kombination liberaler Intuition mit persönlicher Krankheitsgeschichte ist, was „Annie Fox!" einzigartig macht. Gerade deswegen verzichtete sie darauf, auf die Tränendrüse zu drücken. Im Gegenteil: Neben der Restaurantempfehlung (bucket list) denkt sie darüber nach, wie staatliche Regulierung das Überleben des Restaurants schwermacht. Wenn sie das verantwortungsvolle Individuum erläutert, fällt ihr ein, dass man auch in freiwilliger Vergesellschaftung ein Individuum bleiben kann, solange man Verantwortung für die eigenen Taten trägt.

Als Anne im Jahre 2009 ihrer Krankheit erlag, posteten ihre Freunde, aber auch Blog-Kontrahenten, Erinnerungen an sie. Der Konsens war klar: Eine mutige, authentische Frau, mit einer liberalen (auf Englisch: libertären) Verpflichtung. Eine Frau, die aufrichtig ist. Eine Frau, deren Leben und Leiden unter dem Vorzeichen der Freude stand.

**Der eigenen Meinung verpflichtet**

Warum sollte eine Büroangestellte anfangen, zu bloggen? Anna hatte zwei Antworten darauf. Erstens, es macht Spaß – sie war schon in ihrer Uni-Zeit in der Studentenzeitung aktiv. Zweitens, aus Eigeninteresse. Wer sich nicht traut, Unternehmerin zu werden, und auch nicht in die Politik will, muss ein Interesse an einer freien Gesellschaft haben. Nur wenn Arbeitgeber frei sind, profitieren Angestellte. Nur wenn Firmen innovativ sind, profitieren Konsumenten.

Und weil Anna sowohl Angestellte als auch freudige Konsumentin war, wollte auch sie profitieren. Gerade wenn man nicht an den Schalthebeln der Macht sitzt, gerade wenn man ein ganz „durchschnittliches“ Leben will, dann muss man auf Freiheit setzen. Ein anderer Grund, warum sie bloggte: Aus dem fernen Auckland in Neuseeland ist das Internet das beste Medium, um sich mit Gleichgesinnten und Andersdenkenden zu vernetzen.

Anna Woolf ist sicherlich nicht die größte Figur des Liberalismus. Aber sie zeigt exemplarisch, dass der Liberalismus nicht eine elitäre Sache ist. Er ist für alle offen. Und in Zeiten der Online-Medien ist es allen möglich, sich für Freiheit und Verantwortung einzusetzen. So aufrichtig Anne war, sie war eben auch „ein Mensch wie du und ich“. Und das macht sie authentischer als manch einen Politiker oder Philosophen.

# Agathe Uwilingiyimana

## Gegen Ethnizität und andere Kollektivismen: Eine Sozialistin für individuelle Verantwortung

Agathe Uwilingiyimana (1953-1994) war die erste Frau in der Politik Ruandas. Sie war auch die erste Premierministerin des Landes, bis sie im Amt ermordet wurde. Das ist alles (noch) nicht sonderbar. Speziell ist: Eine bekennende Sozialistin tat mehr für die Freiheit in Ruanda als alle öffentlichen Figuren vor ihr zusammengezählt.

Agathe wurde in einem Dorf geboren. Ihre Eltern waren Bauern. Sie selbst wurde zur Mathematiklehrerin ausgebildet. Später wurde sie zur Chemiedozentin. Als sie zur Politik fand, war Bildung für sie zentral. Anders als das Establishment ihrer Zeit meinte Agathe, Bildung mache aus dem Individuum eine Bürgerin oder einen Bürger des Landes. Sie war der Überzeugung, dass alle Menschen gleich gelten. Insbesondere sind sie unabhängig von Ethnizität zu verstehen.

**Ethnie**

Das Ethnische ist ein schwieriger Begriff. Nach ihm wird einer abgrenzbaren Menschengruppe aufgrund ihres intuitiven Selbstverständnisses und Gemeinschaftsgefühls eine eigenständige Identität als Volksgruppe zuerkannt. Meist lässt sich Ethnie auf Sprache, Kultur oder Abstammung zurückführen, so dass der Begriff gar nicht nötig ist. Aber verwendet wird er oft. Und genauso oft gehen große Gefahren von der Idee der Ethnie aus.

Agathe verstand das. In Ruanda definierten sich Menschen entlang der „ethnischen" Grenze. Sie waren Hutu oder Tutsi – oder ganz von der Gesellschaft ausgeschlossen. Und entlang dieser Grenze etablierten sich Rivalitäten, die oft in Feindschaften kippten. Agathe meinte, Menschen seien als Individuen wertvoll. Und weil sie auch verantwortlich sein sollten, müssen sie alle für vollwertig genommen werden.

Sie selbst war eine Hutu. Doch sie hatte kein Interesse daran, Menschen primär anhand des Schemas Hutu-Tutsi-andere zu verstehen. Sie wollte einen Begriff der „Zivilität" etablieren. Dieser Begriff umfasste für sie die Rechte des Individuums unabhängig von Sprache, Glaube, Abstammung oder Ethnie. Insbesondere ermahnte sie das Establishment: Individualrechte bedeuten auch die Abwehr des Individuums gegen Eingriffe des Staates oder anderer übergeordneter Organisationen.

### Sozialismus

Daher auch ihre eigentümliche Definition des Sozialismus: „Wenn wir eine Gesellschaft aus Menschen mit Rechten und Pflichten bilden können, haben wir eine echte Gemeinschaft.“ Diese echte Gemeinschaft nannte sie auf Französisch „commun social“. Im Vergleich zu den vorherrschenden Kollektivismen entlang der ethnischen Grenze war Agathes Sozialismus eine Befreiung des Individuums.

Agathe zögerte nicht, politische Arrangements zu kritisieren. Obschon beide Hutus, verstand sie sich in Opposition zum ruandischen Präsidenten Juvénal Habyarimana. Ebenfalls skeptisch war sie gegenüber den Abkommen von Arusha. Sie meinte, jene Protokolle würden zwar als Friedensverträge gefeiert, doch sie seien in Wirklichkeit Kriegserklärungen. Sie sollte recht bekommen – und selbst Opfer werden.

Aber auch vor dem ruandischen Bürgerkrieg und Genozid war Agathe unbequem. Als Bildungsministerin setzte sie die ethnischen Quotenregelungen in den Schulen und Universitäten außer Kraft. Und ohne eine entsprechende politische Klientel – ohne Basis – versuchte sie, Probleme offen anzusprechen. Zum Beispiel die einseitige Abhängigkeit des Staates von der Entwicklungshilfe und die Ineffizienz der Verwaltung.

### Genossenschaft

Überhaupt: Als sich selbst so nennende Sozialistin begann Agathe ihre politische Laufbahn mit einer unternehmerischen Entscheidung. Als sie Lehrerin war, gründete sie eine Produktions- und Handelsgenossenschaft für landwirtschaftliche Produkte. Getreu ihrer Meinung – Individuen müssen sich von Zwangskollektiven emanzipieren – wollte sie als Lehrerin etwas bewegen.

Die Genossenschaft gab Individuen die Möglichkeit, selbständig und unabhängig von Ethnie und Staat etwas zu erarbeiten. „Etwas" heißt: Arbeit, Ergebnisse, Einkommen und Vermögen. Durch dieses Projekt wurde sie bekannt. „Unser Glück in unseren Händen", wurde zu ihrem Motto.

Nein, Agathe war keine Liberale. Aber sie tat viel für die Stärkung der Freiheit und Verantwortung der Individuen in Ruanda. Als Kritikerin von Kollektivismen erntete sie Kritik. Als Gegnerin der Entwicklungshilfe und staatlicher Beihilfen wurde sie unbeliebt. Wegen ihres Engagements gegen das ethnische Prinzip wurde sie ermordet.

*Literatur*

*Grob, Mirjam. Wie Agathe Uwilingiyimana zum Premierminister wurde. Genf (2016).*

# Ingibjörg H. Bjarnason

## Freiheit – ultimativ: Eine wertkonservative Frauenrechtlerin für individuelle Verantwortung

Islands Unabhängigkeit war ein kontinuierlicher Prozess. Im Jahr 1874 wurde Reykjavík zur Selbstverwaltungseinheit; 1918 wurde der Inselstaat unabhängig, verblieb aber in einer Union mit dem Königreich Dänemark. Die völlige Loslösung erfolgte 1944 mit der Ausrufung der Republik.

Die Unabhängigkeit war nicht nur eine Diskussion über politische Selbstbestimmung. Zu jener Zeit waren drei Themen unzertrennbar miteinander verbunden: das allgemeine Wahlrecht, die Bildungsfreiheit und die politische Verantwortung. Ingibjörg H. Bjarnason (1867-1941) kämpfte für alle an vorderster Front.

(Eigentlich müsste sie als Frau „Hákonardóttir", Tochter des Hákon, heißen. Ihr Vater war Hákon Bjarnason. Ihr klassischer isländischer Name wäre also Ingibjörg Hákonardóttir. Sie hat allerdings, genau wie ihre Geschwister, den Namen des Großvaters mit hinzuge-

*Ingibjörg H. Bjarnason (1867-1941)*

nommen. Aber isländische Namen sind, wie die isländische Kultur im Allgemeinen, eine ganz andere, und lange, Geschichte.)

**Gymnastik**

Die Händlertochter ließ sich in privaten Schulen in Island und Dänemark zur Gymnastin ausbilden. Damit wurde sie zur ersten Person in Island, die diesem Beruf nachging. Doch schnell fand sie sich als Lehrerin zurecht. Noch schneller wurde sie zur Direktorin der Frauenschule in Reykjavík. Das brachte sie in Kontakt zu den politischen Bildungsfragen.

Auch wenn Ingibjörg einer teilstaatlichen Schule vorstand, glaubte sie an den Wettbewerb unter Bildungsträgern. Mehr noch: Sie setzte sich für freie Schulwahl und sogar für den Hausunterricht ein. Für sie war Bildung eine Sache der Eltern. Die Öffentlichkeit – worunter sie viel mehr verstand als nur den Staat – sollte den Eltern verschiedene Möglichkeiten der Schulbildung offerieren. Aber die Entscheidung musste privat bleiben.

Als Frau setzte sich Ingibjörg für das allgemeine Wahlrecht ein. Im spezifischen isländischen Kontext bedeutete dies die Ausweitung des Wahlrechts auf Frauen und auf die (wenigen) Ausgestoßenen. Wer nicht einem Verwandtschaftsverband oder Haushalt angeschlossen war, war politisch ausgeschlossen. Ebenso hatten die Frauen unter dänischem Recht – und das war ja das in Island lange gültige Recht – kein Stimmrecht.

**Politik**

Anders als eher kollektivistisch gesinnte Formen des Feminismus, betonte Ingibjörgs Spielart die Individualverantwortung der einzelnen Frauen. Ihrer Ansicht nach war nämlich die vollständige Emanzipation der Frauen mit der Gleichheit vor dem Gesetz und dem allgemeinen Wahlrecht erfüllt. Falls sich Frauen in der Politik engagieren wollen, ist es nicht die Aufgabe der Allgemeinheit, für jede einzelne Frau zu sorgen. Es ist die Aufgabe jeder einzelnen Frau, selbständig für die eigenen Anliegen zu kämpfen.

Ingibjörg zog so als erste Frau in das Parlament des jungen Landes ein. Dort schloss sie sich der Konservativen Partei an. Diese versuchte, liberale Wirtschaftspolitik mit konservativen Werten zu verbinden. Während Industrie und Dienstleistungen liberalisiert wurden, blieb die Landwirtschaft abgeschottet. So problematisch das sein mag, gelang es der Frauenrechtlerin, zwei wichtige liberale Anliegen ins Parteiprogramm zu schreiben.

Erstens wollte sie den Wettbewerb der Bildungsträger, die freie Schulwahl und die Gleichstellung des Hausunterrichts. Zweitens wollte sie das staatliche Gesundheitswesen herausfordern. Auch hier sollte der Wettbewerb zwischen den staatlichen Systemen und den privaten für Kostenwahrheit und Belebung sorgen.

**Engagement**

Ingibjörg hatte keine Angst, sich parteilich, politisch und überhaupt unbeliebt zu machen. So forderte sie beispielsweise den Unterricht des Fachs „Hauswirtschaft“ in den öffentlichen Schulen. Was die Feministinnen als ein Überbleibsel der Machokultur sahen, war für die konservative Politikerin geboten. Wer unabhängig und verantwortlich sein will, muss zunächst lernen, den eigenen Haushalt zu bewirtschaften.

Als Direktoriumsmitglied der Zentralbank fühlte sie sich einer vorsichtigen Politik verpflichtet. Auch hier meinte sie, die Aufgabe der Zentralbank bestehe in der Bewirtschaftung des Geldes und nicht in seinem Einsatz – geschweige denn in seiner Vermehrung. Und auch deshalb machte sie sich nicht nur Freunde.

Ingibjörg als Liberale zu bezeichnen, mag verwegen sein. Doch diese wertkonservative Frau tat viel für die Verankerung von Freiheit und Verantwortung des Individuums in Island. Sie verstand die Grenzen der Rolle des Staates, die Vielseitigkeit der Gemeinschaft und vor allem die Unbedingtheit des unabhängigen Individuums.

*Literatur*

*Gústafsdóttir, Guðný, Sigríður Matthíasdóttir, und Þorgerður Einarsdóttir. The development of Icelandic womanhood at the turn of two centuries. Reykjavik (2010).*

# Arthur Bruce Smith

## Anti-Staat, Anti-Rassismus, Anti-Establishment: Kein einfacher Mann

Arthur Bruce Smith (1851-1937) war kein einfacher Mann. Er hatte wenige Freunde, lebte mit seinen Verwandten im Streit, wurde von seinem Vater enterbt, im Parlament drohte er seinen Opponenten. Trotzdem: Er war nicht nur ein erfolgreicher Geschäftsmann, sondern auch einer der größten Kämpfer für Freiheit Australiens.

Der ausgebildete Anwalt wollte früh in die australische Politik. Immer wieder stellte er sich Wahlen, und zwischendurch gewann er sie. Aber selbst dann konnte – oder wollte – er keine parlamentarische Karriere machen. Er selbst sagte, seine Geschäfte seien ihm wichtiger als die Politik. Seine Gegner munkelten, er sei zu wankelmütig, um länger als Abgeordneter zu dienen.

Unrecht hatten sie nicht. Denn Bruce praktizierte als Anwalt in der Kanzlei seines Vaters und zusammen mit seinem Bruder. Mit beiden lag er im Dauerclinch. Den Vater verdächtigte Bruce, ein Protektionist zu sein. Den Bruder hatte er im Verdacht, zu arbeitnehmerfreundlich zu agieren. Bruce selbst gründete den Arbeitgeberverband in Victoria und ging hart ins Gericht mit den Gewerkschaften. Ein Arbeitnehmervertreter charakterisierte ihn so: „So ein Feuer! Schade, dass er nicht auf unserer Seite war.“

**Anti-Staat**

Die Friktionen mit den Verwandten und seine politische Betätigung führten zu einem Bruch in der Firma. Bruce verkaufte seinen Anteil an seinen Bruder und zog mit seiner Frau und drei Töchtern nach Sydney, wo er den lokalen Arbeitgeberverband neu gründete. Im Jahr 1887 erschien sein erstes Buch: „Freiheit und Liberalismus“. Darin verteidigte er die Laissez-faire-Ökonomie, griff wesentliche Punkte Adam Smiths auf und rief zu Freihandel auf.

Überhaupt: Freihandel und Freiheit wurden zu seinen wichtigsten Anliegen. Er empfand den jungen australischen Staat und die alte britische Krone als zu interventionistisch. Der Staat erfinde zu viele Aufgaben und greife zu stark ins Leben der Menschen ein. Und so warnte Bruce vor dem schlimmsten Kartell aller Zeiten: „Wenn Staat, Arbeitgeber und Arbeitnehmer sich zusammentun, um zu regulieren, dann gehen Freiheit und Liberalismus verloren.“

Smith war kein Anarchist. Er dachte dem Staat eine Rolle zu. Sie war aber eben eine kleine. Denn Bruce wollte weder Sozialstaat noch Wirtschaftsförderung. Er wollte einen Staat, der Sicherheit und Rechtsordnung garantiert. Und nichts sonst.

**Anti-Rassismus**

Mit diesem Programm wurde Smith ins erste nationale Parlament Australiens gewählt. Seine Partei war die Freihandelsgruppe. Auch wenn die kleine Gruppe wirtschaftspolitisch auf einer Linie war, kam es dennoch zum Streit. Denn ihre Mehrheit unterstützte die nationalistische Politik „White Australia". Bruce tat es nicht.

Er meinte, die Bevorzugung einer Gruppe von Menschen gehe auf Kosten der Freiheit der anderen Gruppen. Er meinte auch, es sei nicht Staatsaufgabe, zu bestimmen, wer „gut" und „böse" ist. Vor allem prangerte er den Rassismus dieser Politik an. Seiner Meinung nach waren alle Menschen gleich. Und wenn ein Schwarzer oder Asiate sich in Australien niederlassen sollte, warum nicht?

Bruce wollte auch das allgemeine Wahlrecht instituieren. „Ein Mensch ist ein Mensch. Nur wenn alle Menschen gleiche Rechte haben, können sie gleich verantwortlich sein." Das bedeutete konkret, er wollte auch Frauen zu den Wahlen zulassen. Smiths Idee war eben das Gegenteil von einem großen Staat. Alle sind willkommen und alle haben Rechte, eben weil alle vernunftbegabt und selbstverantwortlich sind. Je mehr Freiheit der einzelne hat, desto weniger hat der Staat zu tun.

**Anti-Establishment**

Ob als Arbeitgeberpräsident, als Parlamentarier, als provinzialer Minister und selbst als Anwalt: Bruce versteckte seine Meinung nie. Er soll auch temperamentvoll und angriffig gewesen sein: „Ich werde euch erschießen, aber nicht standesrechtlich", soll er einmal im Parlament gesagt haben (mit einer Pistole in der Hand). Oder als Minister, der gegen einen Streik vorgehen wollte: „Ich werde sie wie räudige Hunde erschießen."

Im Parlament verbrachte er seine Zeit in der Opposition – in einer Opposition zu Geschäftsfreunden und zur „High Society". Man offerierte ihm zwar zweimal die Rolle des Speakers, des Parlamentspräsidenten also, aber er lehnte sie ab. Politik war für Bruce kein Ort des Kompromisses, sondern ein Vehikel, um für die Freiheit zu kämpfen.

Immer war er ein erfolgreicher Geschäftsmann, verlor aber seinen Sitz im Parlament. Also widmete er sich zwei Büchern. Ein Buch schrieb er über die Individualfreiheit in der australischen Verfassung und eines mit seinen Versen. Das Enfant terrible gab nicht einmal der Kunst ihre Ruhe.

*Literatur*

*Berg, Chris. Classical liberalism in Australian economics. Econ Journal Watch (2015).*

*Windschuttle, Keith. Arthur Bruce Smith: A genuine Australian political classic. Sydney (2005).*

# Konfuzius, Laozi, Hanfei, Guanzi

## Liberal war keiner. Philosophie im alten China: Freiheitliche Ansätze tauchen heute wieder auf

Nein. In der alten chinesischen Philosophie gab es keinen Liberalismus. Aber es gab Gedanken zu den Grenzen des Staates. Und zur Verantwortung der Individuen. Und zum freien Markt. Das ist immerhin etwas.

Zwischen dem 5. und dem 2. Jahrhundert vor Christus lag China in Trümmern. Die Dynastie der Zhou regierte schon lange nicht mehr. Warlords wetteiferten um die Hegemonialstellung. Die Bevölkerung litt. Erst um 221 vor Christus gelang es Shi Huang, China zu einigen und zum ersten wirklichen Kaiser zu werden – dem gelben Kaiser der Qin. Doch jene Zeit der streitenden Mächte war auch der Big Bang der chinesischen Philosophie. Alle heute noch bestehenden Traditionen gehen auf Philosophien jener Zeit zurück.

In diesem Klima der Angst und der Zerstörung widmeten sich ziemlich alle Philosophen einer Frage: Wie ist Ordnung ins Chaos zu bringen? Und weil die Antworten jeweils anders ausfielen, kam es zur Bildung verschiedener Schulen.

**Aristokratische Gesellschaft am Ende**

Das alte China war eine aristokratische Gesellschaft – einige würden behaupten, das zeitgenössische China sei immer noch eine. In einer solchen ist die Vorstellung des Individuums ohnehin schwach ausgeprägt. Vielmehr ist es durch Rollen definiert, die es einzunehmen hat. Rollen begründen Verpflichtungen gegenüber anderen Menschen und Umständen. Der Mensch muss kontextbezogen seine Rolle als Vater, Sohn, Bauer, Herrscher, Priester et cetera spielen.

In dieser aristokratischen Gesellschaft war die Macht der Aristokraten an sich unhinterfragt. Demzufolge befanden sich Menschen immer in Herrschaftsbeziehungen. Sie mussten Steuern bezahlen, damit sich die Herrschaft leisten konnte, im stetigen Krieg zu verweilen. Was aber neu in der Zeit der streitenden Reiche war, war der Einbezug der Nicht-Aristokraten in den Krieg. Plötzlich mussten Bauern aufs Schlachtfeld. Auch das Verpflichtungssystem der „Höheren“ funktionierte nicht mehr. Aristokraten wollten zum Hegemon werden und herrschen. Ohne sich um ihre Rolle zu kümmern.

China lag nicht nur physisch in Trümmern. Auch der ideologische Überbau der aristokratischen Gesellschaft war ruiniert. Antworten kamen auf.

## Mehr Natürlichkeit, weniger Rolle

Der Daoismus war bereit, dieses soziale Rollengefüge aufzugeben. Das ist zweifelsohne ein Schritt in Richtung mehr Freiheit. In den wichtigsten Büchern des philosophischen Daoismus, dem „Daodejing“ und dem „Zhuangzi“, wird auch gegen Eingriffe des Herrschers ins Leben der Menschen, gegen hohe Besteuerung und gegen Vorschriften und Regulierung gewettert. Doch wer hier einen Liberalismus sehen will, irrt sich. Ja, die Daoisten legten Wert auf individuelle Bestimmung und, ja, die Daoisten waren herrschaftsskeptisch. Sie wollten nicht einmal das starre soziale Rollengefüge.

Doch sie dachten, dass es einen mehr oder weniger deterministischen Weg gibt, das Dao. Und sie wollten, dass sich Menschen an dem natürlich gegebenen Dao orientieren. Alle Versuche, nicht nach dem Dao zu leben, waren vergeblich. Und deshalb waren die Daoisten gegen Herrschaft, Steuern und Regulierung. Sie waren nicht gegen Wirtschaftsbeziehungen, doch sie glaubten, dass auch diese vergebens waren. Menschen sollten frei sein, das Dao zu erkennen, aber sie haben sich unbedingt nach ihm zu richten.

## Mehr Rolle, weniger Herrschaft

Der Konfuzianismus war die andere große Denkschule. Und genauso wie die Daoisten waren die Schüler des Kong (Konfuzius) der Meinung, das Rollengefüge sei aus den Fugen geraten. Ihre Antwort fiel aber anders aus. Sie wollten unbedingt das Rad der Zeit zurückdrehen und die sozialen Rollen stärken. Als Moralpositivisten fragten sie sich nicht nach dem Wesen dieser Rollen, sondern sie nahmen die Riten, die Kultur, den Krieg und die Philosophie als gegeben an. Auf den ersten Blick scheint das sehr antiliberal. Doch es täuscht.

Konfuzianer wollten keine starke Herrschaft. Denn staatsähnliche Gebilde usurpieren die sozialen Rollen. So wehrten sie sich gegen starke Monarchen, gegen große Ministerien und gegen Besteuerung. Konfuzianer waren die ersten, die die Herrschaft in die Schranken zu weisen versuchten. Und dann: Das soziale Rollengefüge geht mit einer unbedingten Forderung nach individueller Verantwortung einher. Überhaupt ist wohl die individuelle Verantwortung der Kern der Kong-Schule. Und für jegliche Form des Liberalismus sehr wichtig.

**Mehr Herrschaft, weniger Willkür**

Während Konfuzianer und Daoisten Lösungen außerhalb der Herrschaftssysteme suchten, waren Legalisten oft Minister und Berater von Herrschern. Ihr erklärtes Ziel war es auch, den Herrscher stark zu machen. Das ist nun total antiliberal. Und oft wird den Legalisten unterstellt, Totalitäre gewesen zu sein. Das stimmt aber nicht. Erstens waren Shang Yang und Han Fei – Menschen oder Bücher, das weiß man nie so genau – vom Daoismus inspiriert. Zweitens: Um die Herrschaft zu stärken, mobilisierten sie Ressourcen, die für eine freie(re) Gesellschaft wesentlich sind.

Die Legalisten wollten aus der Herrschaft eine Staatsmaschinerie machen. Das bedeutet, sie wollten die Willkür in der Herrschaftsausübung einschränken und den

Staat auf ein regelbasiertes Verhalten verpflichten. Und sie erfanden, dass vor den Regeln oder Gesetzen alle gleich sind. Die Aristokratie war damit abgeschafft – sogar der Herrscher selber wurde ans Gesetz gebunden. Während Han Fei klar für die Grenzen der staatlichen Herrschaft eintrat, postulierte Shang Yang eine Überwachung der Gesetzesumsetzung durch eine unabhängige Instanz. Klar: Liberale waren sie nicht, aber regelbasiertes Staatsverhalten und Gleichheit vor dem Gesetz sind wichtige Errungenschaften.

**Mehr Individuum, weniger Dogmatismus**

Guanzi war ein spezieller Fall: Guanzi – Minister oder Buch – wirkte vor den Legalisten, hatte aber doch legalistische Ansätze. Und war trotzdem dem Konfuzianismus verpflichtet. Vor allem war Guanzi pragmatisch. Es ging nämlich um die Wiederherstellung von Ordnung. Dafür nimmt Guanzi die Idee eines gemäßigten und regelbasierten Staates auf. In bezug auf die Frage, wie die Regeln zu erlassen sind, nimmt Guanzi Rücksicht auf etwas, das alle anderen vergessen hatten: auf das Individuum.

Guanzi meint nämlich, dass der regelbasierte Staat nur dann funktioniert, wenn die Gesetze möglichst viel individuelle Freiheit zulassen. Mehr noch: Je mehr sich Individuen entfalten können, desto besser geht es dem Staat. Guanzi geht als einziger sogar so weit, zu postulieren, die Steuererträge des Staates hingen ursächlich mit der wirtschaftlichen Freiheit der Individuen zusammen. Je freier Mensch und Markt, desto mehr Geld in der Kasse des Herrschers – wenn das nicht protoliberal ist.

**Liberalismus am Anfang?**

Trotz dieser ideengeschichtlichen Schnitzeljagd sollte man sich nicht beirren lassen. Die altchinesische Philosophie hatte insgesamt liberale Ansätze. Die spätere, in der Han-Zeit erfolgte Synthese von Legalismus und Konfuzianismus setzte auch den hier dargestellten embryonischen Ideen endgültig ein Ende. Und doch findet man klare Schritte in Richtung Freiheit. Die intellektuellen Ressourcen, die notwendig sind, um eine freiheitsbasierte Philosophie zu entwickeln, waren im alten China vorhanden.

Sie wurden auch nicht vergessen. Immer wieder tauchten sie in der chinesischen Geschichte auf. Sie tauchten auch vor und mit der kommunistischen Revolution auf. Und sie kommen heute wieder vor. Doch zwischen Auftauchen und Ausbrechen gibt es einen Unterschied. Ausgebrochen sind die liberalen Ideen noch nicht.

*Literatur*

*Clark, John P. On taoism and politics. Journal of Chinese Philosophy (1983).*

*Long, Roderick T. Austro-libertarian themes in early Confucianism. Journal of Libertarian Studies (2003).*

*Rickett, W. Allyn. Guanzi: Political, Economic, and Philosophical Essays from Early China, A Study and Translation. Hongkong (2001).*

*Schneider, Henrique. Han Fei, De, Welfare. Asian Philosophy (2013).*

*Tung-Chi, Lin. The Chinese Mind: Its Taoist Substratum. Journal of the History of Ideas (1947).*

# Jahwe

## Ein Liberaler namens Gott: Der Ruf nach Freiheit und Verantwortung im Alten Testament

Wer im Alten Testament nur einen zornigen Gott finden will, irrt sich. Wer darin einen ausschließlich liebenden sucht, wird ebenso enttäuscht. Wer nach dem Schirmherrn des Liberalismus Ausschau hält, wird auch nicht ganz glücklich. Aber auch nicht ganz unglücklich.

Betrachtet man das Alte Testament nicht durch die theologische, sondern durch die philosophische Brille, ist es beeindruckend, wie oft liberale – ja: libertäre – Gedanken im Gott Israels, Jahwe, artikuliert werden. Dieser Gott sucht Freiheit, garantiert Eigentum, lehnt den Staat ab und bindet Menschen an Eigenverantwortung. Viel wichtiger noch: Er muss sich immer wieder gegenüber seiner Konkurrenz durchsetzen. Er stellt sich dem „Markt" und gewinnt dabei, wenn auch nicht immer.

Freilich: Der Gott Israels tut viel mehr als das. Doch es lohnt sich, die liberalen Implikationen des israelitischen Gottesbildes unter die Lupe zu nehmen. Logischerweise ist es jedoch unmöglich, von einem „liberalen“ Gott zu sprechen, denn der Liberalismus entstand erst viel, viel später. Und es ist genauso unmöglich, Gott auf einen Liberalismus zu reduzieren. Was möglich ist: die Aufdeckung jener Elemente, die auch zum liberalen Grundrepertoire gehören.

**Der Wettbewerb der Götter**

Jahwe war (die Vergangenheitsform wird hier nur der Konvention wegen benutzt) ein spezieller Gott. Statt, wie in seiner Zeit üblich, in einer Stadt zu hocken oder gar Herrscher zu sein, suchte er sich Bündnispartner unter den Menschen. Er fand den Moses, der die Unterdrückung eines Volkes, das er als seines sah, bedauerte. Jahwe und Moses gingen einen Vertrag miteinander ein. Jahwe bot Schutz und Stärke an, wollte als Gott der Moses-Gruppe anerkannt werden. Moses hatte das Volk und wollte es in Freiheit führen, war dafür bereit, diesen Jahwe als Partner zu akzeptieren. Der erste Vertrag wurde so eingegangen.

Doch hier beginnt erst der Wettbewerb. Zunächst musste sich Jahwe gegen die ägyptischen Götter und den Staatsgott-Pharao behaupten. Die Israeliten zauberten Schlangen, aber so taten es auch die Ägypter; der Nil wurde rot, doch die Ägypter machten den Zauber rückgängig; es kamen Moskitos auf Jahwes Geheiß; doch die Ägypter konterten auch dies. Die zehn Plagen (2. Mose 8,1-32) sind nichts anderes als der Wettbewerbskampf der Götter. Immer wieder hielten sich Jahwe und das ägyptische Pantheon die Waage, doch am Schluss setzte sich Jahwe durch.

Aber auch unter den Israeliten war dieser Jahwe nicht unumstritten. Von den ursprünglich vielen Göttern, die sie anbeteten (Josua 24,2), scheinen sich gemäß der Bibel zwei durchgesetzt zu haben, der Elohist-Gott El (1. Mose 3;4;15) und jener der Priesterschrift (1. Mose 6). Während El womöglich ein Stammesgott war und der Priestergott über einen natürlichen Ort wachte, war Jahwe als Wettergott flexibler. Und das war sein Vorteil.

Als Wettergott war er nicht mit einem Stamm verbunden. Er konnte also in Verbindung zu beinahe allen Menschen treten. Er war auch nicht fest in einer Lokalität, etwa einem Hügel oder einem Baum verankert. Damit konnte er überall wirken. Das Wichtigste ist aber: Er war kein Mensch, kein Herrscher und kein König, wie die meisten wichtigen Götter damals. Damit war Jahwe nicht vergänglich, brauchte kein Herrschaftsgebiet und noch viel weniger einen Staat. Gott sein war für ihn eine ideologische Angelegenheit und keine Frage irdischer Macht.

Mit den Zehn Geboten gab Jahwe dem Volk Israels nicht nur einen zweiten, schriftlichen Vertrag, sondern den Inhalt seiner Gottesideologie. Und diese war in der Ethik (nicht in der Macht) fundiert, universalistisch (nicht ausgrenzend) und fokussierte auf das Individuum (nicht auf den Staat oder das Gemeinwohl). Damit setzte er sich gegen El, den Priestergott, und die nicht-israelitischen Götter durch. Mit seinen Geboten wurde Jahwe zum alleinigen Gott Israels.

**Freiheit und Verantwortung**

Die sogenannten Zehn Gebote (2. Mose 20,2–17; 5. Mose 5,6–21) sind überhaupt eine der klarsten Manifestationen freiwilliger Vergesellschaftung in einem Rechtsgebilde. Sie sind der Vertrag zwischen Jahwe und den Israeliten. Und dieser Vertrag sieht ein direktes, unmittelbares Verhältnis der Vertragspartner vor. Einen Mittler in Form eines Königs mit seinem Staatsapparat braucht es ausdrücklich nicht.

Die Gebote fangen mit der jeweils wichtigsten Leistung und Gegenleistung an: Jahwe hat das Volk befreit und soll deshalb alleiniger Gott sein. Er verbietet den Israeliten auch, sich einer fremden Macht zu beugen. Einen anderen Gott zu halten, bedeutete in jener Zeit, in der der Staat, Gott und Herrscher das Gleiche waren, unweigerlich, sich in eine neue Knechtschaft zu begeben. Das wollte Jahwe nicht. Er hatte die Israeliten schließlich befreit. Der Grund und die Rechtfertigung seiner Stellung war ihre Freiheit. Aber sie hat gleichzeitig ein verpflichtendes Element, und dieses ist in den nächsten acht Klauseln aufgeführt.

Man soll sich kein Gottesbild machen. Dieses Verbot zeigt nur, wie wichtig die Ideologie des Jahwe war: Jedes Bildnis führt zu Verortung, Abgrenzung und Reduktion. Doch genau diese Elemente gehen gegen seine auf das Individuum zentrierte universalistische Ethik. In einer Zeit, in der Herrscher und ihre Staaten für göttlich gehalten wurden, beinhaltet dieses Gebot eine definitive Absage an den Staat. Auch er darf kein Bildnis Gottes sein.

Dann kommt ein sehr umfassender Schutz des individuellen Eigentums vor. Dies geschieht sachlich und ideell, denn man soll nicht stehlen, nicht fremdes Eigentum begehren, nicht einmal ein böses Wort über eine andere Person sagen, denn sie hat Eigentum an der eigenen Persönlichkeit.

Aus liberaler Perspektive mögen die eindringlichen Gebote zum siebten Tag stören. Warum dürfen Menschen nicht das tun, was sie wollen, wann sie es wollen? Historisch stand da die Notwendigkeit der Schonung von Ressourcen im Mittelpunkt. Liberal kann man es auch so interpretieren: Frei sein bedeutet nicht, dass der Mensch frei von Werten ist. Im Gegenteil verpflichtet die Freiheit die strikte Einhaltung ideeller Normen. Um diese notwendige Verbindung auch im Alltag erlebbar zu machen, schreibt Jahwe eine wiederkehrende Klausel vor. Am siebten Tag muss man reflektieren.

**Im Wettbewerb gegen den Staat**

Der Triumph des Jahwe war keinesfalls uneingeschränkt. Denn er musste sich immer wieder behaupten. Zwischendurch wurde er von anderen Göttern herausgefordert. Doch das war das kleinste Problem. Viel weitreichender war sein Kampf gegen das Böse. Was heutige Theologen die „Theodizee“ nennen, ist die Frage der Rechtfertigung Gottes angesichts des Schlechten.

Vieles Schlechte geschah mit den Israeliten. Und das Schlechte stellte Jahwe in Frage. Oft wollten die Israeliten einen Staat aufstellen, der sie vor dem Schlechten bewahrt. Dieser Irrlogik war nicht einmal Jahwe gewachsen.

Gegen Ende des Lebens Samuels wollte Israel einen König. Das Argument war: Sie wollten so sein wie die anderen Völker um sie herum. Samuel erkannte die offensichtliche Absurdität. Israel war eben ein freies Volk mit einem Vertrag mit Jahwe und nicht ein anderes, vom jeweiligen Herrscherstaat qua Herrschergott unterdrücktes. Doch das Volk ließ nicht locker und wollte den Problemen mit Staat, Regulierung und Unterdrückung begegnen.

Zwar erkannte auch Jahwe die Irrlogik. Aber er beugte sich dem Willen des Volkes. Er sagte zu Samuel: „Gehorche der Stimme des Volks in allem, was sie zu dir gesagt haben; denn sie haben nicht dich, sondern mich verworfen, dass ich nicht mehr König über sie sein soll. Sie tun dir, wie sie immer getan haben von dem Tage an, da ich sie aus Ägypten führte, bis auf diesen Tag, dass sie mich verlassen und andern Göttern gedient haben.“ (1. Samuel 8, 7-8.)

Die Schaffung des Staates stellt Jahwe als eine Form der Knechtschaft dar. Sie ist auch der Verlust von Selbstverantwortung. Der König wird eben herrschen und nicht wie Jahwe einen Vertrag auf Augenhöhe mit gegenseitigen Rechten und Pflichten einhalten; der König wird Steuern verlangen und die Leute zu Zwangsarbeit verpflichten, was die Zehn Gebote verletzt; er wird einen Hof um sich aufbauen, und das wichtigste: Der König – nicht jedes Individuum selbst – wird sagen, was richtig und was falsch ist (1. Samuel 8, 11-18).

### Der Gott, der da ist und dranbleibt

Damit wurde der Vertrag zwischen Jahwe und den Israeliten in Frage gestellt. Aber Gott hielt sich auch weiterhin daran; und zwar in der Überzeugung, dass der Vertrag als freiwillige Verpflichtung ein hohes Gut ist. Jahwe sollte auch Recht behalten. Denn das Schlechte, das zur Einführung des Staates führte, wurde durch seine Existenz noch schlechter. Statt sich als Antwort auf Herausforderungen und Abwehr gegen das Böse zu zeigen, wurde der Staat selbst zu einem Problem.

Die Israeliten trennten sich, sie verloren sich in internen und externen Kriegen, sie erlitten Hunger und Durst, sie wurden ins Exil gezwungen. All diese Probleme entstanden nach der Einführung des Staates. Der Grund ist einfach. Biblisch gesehen verfallen Staaten und ihre Herrscher schnell der Verschwendungs- und Geltungssucht. Auch die Individuen verlieren die Motivation, das Richtige zu tun, weil ihnen der Staat die Verantwortung wegnimmt.

Gerade deswegen berief Jahwe die Propheten. Die biblischen Propheten waren Individuen außerhalb der staatlichen Hierarchie. Ihre Aufgabe war: die Individuen anzupacken und ihre Lebensweise zu reformieren. Der Umkehrruf der Propheten – „Kehrt um und glaubt“ – war ein Ansprechen der einzelnen Menschen auf den Vertrag zwischen Jahwe und den Menschen – auf Augenhöhe. Der Ruf galt nicht den israelitischen Staatsgebilden, denn diese waren mit der Freiheitsbotschaft des Jahwe inkompatibel. Gott setzte auf Individuen, um mit den anderen Individuen in den Dialog zu treten. Freilich forderten sie damit die offizielle Herrschaftshierarchie heraus. Das war eine willkommene Nebenwirkung.

Ob einzelne Propheten sich nun gegen den allumfassenden Sozialstaat in Ninive, der die Menschen auch in ihrer Ethik korrumpierte, auflehnten oder dazu aufriefen, Schwerter zu Pflugscharen zu machen, um militaristische Machtexpansion zu bremsen: Ihre Botschaft war eine ähnliche. Im Mittelpunkt muss eine Freiheitsethik des Individuums stehen. Und diese setzt Selbstverantwortung voraus.

Jahwe wirkte also weiter. Trotz seiner partiellen Entmachtung. Und er wirkte weiter als Freiheitsträger. Das Schlechte konnte er nicht vermeiden. Aber durch Befreiung nach Befreiung blieb er den Israeliten mittels eines Vertrages verbunden. Und er blieb mit seiner individuellen Freiheitsethik und dem Ruf nach Verantwortung dran. Dieser alte Liberale war schon ein ganz spezieller Gott.

*Literatur*

*Crüsemann, Frank. Bewahrung der Freiheit: das Thema des Dekalogs in sozialgeschichtlicher Perspektive. Frankfurt (1983).*

*Dohmen, Christoph. Um unserer Freiheit willen. Ursprung und Ziel biblischer Ethik im Hauptgebot des Dekalogs. Internationale Katholische Zeitschrift Communio (1992).*

*Hermisson, Hans-Jürgen. Gottes Freiheit – Spielraum des Menschen: Alttestamentliche Aspekte eines biblisch-theologischen Themas. Zeitschrift für Theologie und Kirche (1985).*

*Krüger, Thomas. Freiheit und Gesetz in der Hebräischen Bibel. Wege der Freiheit(2014).*

*Ska, Jean Louis. Introduction to reading the Pentateuch. Eisenbrauns (2006).*
*Snell, Daniel C. A Companion to the Ancient Near East. London (2008).*

eigentüm

Eigentum

und Recht

und Freiheit

lich frei